安徽省一流本科教材

安徽省一流本科课程配套教材

U0595179

DAXUE MEIYU

大学美育

（第二版）

—— 陈元贵 编著 ——

中国教育出版传媒集团

高等教育出版社·北京

内容提要

本书根据中共中央办公厅、国务院办公厅《关于全面加强和改进新时代学校美育工作的意见》编写，是安徽省一流本科教材，智慧树"大学美育"MOOC配套教材。

本书将知识性介绍与理论的反思性、批判性融为一体；在引领学生进行审美感受、审美体验的同时，促使他们反思审美活动背后的价值判断和伦理问题，竭力引导大学生的审美趣味、审美风尚朝着积极健康的方向发展，使他们在轻松愉悦的接受过程中获得陶冶性情、增进知识之效果，从而实现"立德树人"之远景目标。

本书适合作为高等学校相关课程的教材，也适合社会读者参考阅读。

图书在版编目（CIP）数据

大学美育 / 陈元贵编著. —2版. —北京：高等教育出版社，2023.2（2024.2重印）
　ISBN 978-7-04-053005-6

Ⅰ.①大… Ⅱ.①陈… Ⅲ.①美育－高等学校－教材
Ⅳ.①G40-014

中国版本图书馆CIP数据核字（2019）第256283号

| 策划编辑 | 张晶晶 | 责任编辑 | 宇文晓健 | 张晶晶 | 封面设计 | 张文豪 | 责任印制 | 高忠富 |

出版发行	高等教育出版社	网　　址	http://www.hep.edu.cn
社　　址	北京市西城区德外大街4号		http://www.hep.com.cn
邮政编码	100120	网上订购	http://www.hepmall.com.cn
印　　刷	上海叶大印务发展有限公司		http://www.hepmall.com
开　　本	787 mm × 1092 mm　1/16		http://www.hepmall.cn
印　　张	12.5	版　　次	2014年7月第1版
字　　数	245千字		2023年2月第2版
购书热线	010-58581118	印　　次	2024年2月第4次印刷
咨询电话	400-810-0598	定　　价	32.00元

本书如有缺页、倒页、脱页等质量问题，请到所购图书销售部门联系调换

前　言

进入新时代，国家对于审美教育的重视达到前所未有的高度。2020年，中共中央办公厅、国务院办公厅联合印发《关于全面加强和改进新时代学校美育工作的意见》，提出要把美育纳入各级各类学校人才培养全过程，贯彻学校教育各学段。党的二十大报告所提出的"育人的根本在于立德"，为学校美育工作进一步指明了方向。2023年10月，习近平文化思想的正式提出，为学校美育工作确立了行动纲领。而年末教育部发布的《关于全面实施学校美育浸润行动的通知》，不仅重申了学校美育工作的重要意义，更在具体举措上有重大推进。

本教材最初出版于2010年，是以作者多年讲授"大学美育"课程的讲稿为基础，经修订而付梓。经过最近10多年的试用，内容已经反复修改。此次修订，我们认真学习贯彻党的二十大精神和习近平新时代中国特色社会主义思想，在探索大学生审美教育策略及方法方面先行先试。在教学目标设计上，本教材积极发掘传统美学资源中的"中国经验"，努力增进大学生的文化自信。在内容架构上，本教材不仅致力于探讨"中国问题"，以开放的胸怀吸收、借鉴学界的最新研究成果，以艺术史上的经典案例和数字时代崭新的审美风尚为典型例证展开论述；而且还改变了原有的从"美"到"审美"的习见安排，而将审美活动前置，以此强调审美教育必须以"审"为起点，从而避免了部分美育教材见"美"不见"人"的不足。在话语表达上，本教材尽量采用具有浓郁民族风格的"中国话语"，紧密结合当代大学生的心理特点，将艰深的美学理论化为深入浅出的辨析和阐述，努力解答大学生的审美困惑。对于美的本质、艺术的定义与特征、崇高范畴的内涵、悲剧何以能令人产生快感等美学史上素称难解的话题，我们均采用通俗易懂的语言进行转述与分析，如非必要绝不堆砌文献，更不作过度阐释，一切以学生易懂、易学、易记为指归；对于古今中外各类艺术经典和审美现象之分析，也努力追求活泼俏皮、要言不烦，使学生在轻松愉悦的接受过程中获得陶冶性情、增进知识之效果。总而言之，尽力以实际行动完成国家文件所提出的"以社会主义核心价值观为引领，以提高学生审美和人文素养为目标，弘扬中华美育精神，以美育人、以美化人、以美培元"的任务。

本教材为安徽省一流本科教材建设项目《大学美育》（编号2021yljc057）的最终成果，同时也是安徽省一般教学研究项目"新时代'大学美育'通识课程创新策略研究"（编号2021jyxm0522）的阶段性成果。

文中所引用的他人研究成果，均尽可能地做出注释。其中第二章、第三章较多地参考了先师汪裕雄先生的研究成果（详见汪裕雄《美学讲稿》，中国科学技术大学出版社 2023 年版），在此予以特别说明。书中其他一些地方可能会因为原始文献相对久远且转引环节过多，难免出现某些疏漏，恳请各位方家指教。

陈元贵

目 录

第一章　导论　1

一、现状概览　2

二、美学的研究对象与任务　4

三、何谓美育　9

四、美育的特征　12

五、大学美育课程的意义　14

第二章　美育之基：审美活动　17

一、何谓审美活动　18

二、何谓美感　21

三、审美感受的特征　25

四、审美判断及其标准　26

第三章　美育之实：美感心理的和谐活动　43

一、美感的心理过程　44

二、美感的心理要素　50

第四章　美的本质：千古难解之谜　61

一、"美是什么"的探索　62

二、美何以难解　71

三、"美"在当下的复杂性　72

第五章　社会美："人者，天地之心也"　77

一、人体美　78

二、行为美　84

三、人格美　85

第六章　自然美："五岳归来不看山，黄山归来不看岳"　91
一、自然美的研究历史　92
二、自然美的形态　97
三、自然美的要素　106
四、自然美的特征　109
五、自然美举隅——黄山之美赏析　111

第七章　艺术美："于天地之外，别构一种灵奇"　117
一、什么是艺术品　118
二、艺术美的内涵　119
三、艺术美的特征　121
四、艺术美举隅　123

第八章　审美范畴：优美与崇高、丑与恐怖　139
一、优美　141
二、崇高　144
三、丑　149
四、恐怖　152

第九章　审美范畴：悲剧性　157
一、戏剧的悲　158
二、悲的当代发展　163
三、作为审美范畴的悲　166

第十章　审美范畴：喜剧性　175
一、从"无厘头"到"恶搞"：喜剧生产的大众化预演　176
二、短视频：喜剧生产的大众化狂欢　177
三、作为审美范畴的喜　180

参考文献　189

第一章 导论

一、现状概览

二、美学的研究对象与任务

三、何谓美育

四、美育的特征

五、大学美育课程的意义

按常理，在任何一门课的开头，都得简单介绍一下这门课的研究对象及其主要任务。那么，"大学美育"这门课程存在的价值究竟是什么呢？我想，它的主要价值应该就在于解答当代大学生所面临的审美困惑，从而引导他们的审美趣味朝着积极健康的方向发展，这也正是国家一再强调的"立德树人"。

然而，年轻人的审美困惑又是如何产生的呢？它必然是植根于这个时代，既有历史的延续性，也具有现时的独特性。

一、现状概览

早在三十多年前，美国学者尼尔·波兹曼就曾在他的《娱乐至死》一书中感叹说，由于印刷术时代的衰落和电视时代的蒸蒸日上，整个美国已经步入这样一种境地——"一切公众话语都日渐以娱乐的方式出现，并成为一种文化精神。我们的政治、宗教、新闻、体育、教育和商业都心甘情愿地成为娱乐的附庸，毫无怨言，甚至无声无息，其结果是我们成了一个娱乐至死的物种。"具体说来，娱乐精神主要表现在以下几个领域：

在政治领域，当年林肯和道格拉斯之间进行了 7 场著名辩论，而第一场就花了 7 个小时。现在美国的一些总统竞选人也在电视上进行所谓的辩论，但通常时间较短，而观众更为关注的却是辩论者的外表、眼神，怎样微笑，怎样说俏皮话；美国第 27 任总统塔夫脱，体重 300 磅且满脸赘肉，尼尔·波兹曼评价道：幸好塔夫脱当年是在广播上向公众发表演讲，那时演讲者的体型同他的思想是毫不相干的，如果他生活在电视时代，情况就大不相同了。在电视上，话语是通过视觉形象进行的，而 300 磅的笨拙形象，即使能言善辩，也难免淹没演讲中精妙的逻辑和思想。正是因为形象远比思想来得重要，所以美国前总统理查德·尼克松曾把自己的一次竞选失败归罪于化妆师的蓄意破坏，他就如何严肃对待总统竞选这个问题给了爱德华·肯尼迪一个建议：减去 20 磅体重。由此看来，胖子、秃子，以及那些外表经过整容仍无较大改观的人，事实上已经被剥夺了竞选任何高层政治职位的权利，让人啼笑皆非的是，"政治家原本可以表现才干和驾驭能力的领域已经从智慧变成了化妆术"。①

在新闻领域，美国的大多数新闻工作者，尤其是电视主播，他们在发型上花的时间比在播音稿上花的时间要多得多，并且由此成为娱乐社会"最有魅力"的一群人。

在商业领域，美国的商人早就发现：商品的质量和用途在展示商品的技巧面前似乎是无足轻重的，于是便有了铺天盖地的广告……

尼尔·波兹曼当年所担心的事情，在某些领域已在当下的中国上演。我们不仅快速走过电视时代，而且走过了互联网时代，早早进入"互联网＋"的时代。尤其是最近三五年，短视频以其精准的市场定位、良好的用户体验、得力的营销策略，迅速俘获了亿万拥趸，大有成为这个时代最受追捧的审美现象之趋势。借助于花样翻新的叙事策略，短视频不断营造出喜剧狂欢的效果。面对这些泥沙俱下的审美现象，欢呼者有之，批判者也有之。

欢呼者认为：层出不穷的娱乐事件在给我们带来快乐的同时，其实也留下一些值得我们思考和回味的东西。极度丰盈的娱乐产品，不仅丰富了我们的精神生活，而且使得审美领域的价值观多元化成为可能。近年在抖音、快手上面出现的种种视频及"神评论"，既让人忍俊不禁，又不能不佩服观察者的目光敏锐、见解独到。

批判者则认为，片面追求单纯娱乐的倾向，其实是一种"恶性娱乐化"倾向。就拿前面提到的各种新媒体短视频来说，随着很多官方媒体相继开通抖音号，当中也出现了不少正能量满满的声音。譬如城市形象宣传、生命救援时的勇敢沉着、知名人物的温情与感动，还有平常人的不平凡之处。②与他们形成鲜明对比的，则是那些秉承快乐至上原则的作品，以其躲避崇高、张扬欲望的价值定位，建构了短视频的另类景观。事实上，正是消费社会的到来，使得个人欲望的表达不再遮遮掩掩，"欲望—消费—市场—产业化，构建起一个顺理成章的逻辑链条。'个人的欲望''身体里的享乐天性'成了这现代文化产业流水线的动力"③。职是之故，传统的艺术与非艺术、美与非美之间的界限，在此愈发变得模糊。

可以预见的是，在今后相当长一段时间内，这股娱乐泛化的潮流还会存在，也正因如此，审美教育要积极回应时代所提出的难题，努力解答年轻人在现实中所产生的审美困惑。至于如何完成这个任务，显然要从美学研究中得到支撑。

① 尼尔·波兹曼：《娱乐至死》，章艳译，广西师范大学出版社，2004年，第4—5页。
② 彭兰：《短视频：视频生产力的"转基因"与再培育》，《新闻界》，2019年第1期。
③ 鲁枢元：《评所谓"新的美学原则"的崛起——"审美日常生活化"的价值取向析疑》，《文艺争鸣》，2004年第3期。

二、美学的研究对象与任务

（一）美学的研究对象

什么是美学？朱光潜先生曾在他参与撰写的《中国大百科全书》"美学"词条中说："什么是美学？从字面说即是研究美的学问。"这种解释显然是描述性的，并不能作为美学的定义。因为美学不仅研究美，而且研究与它有联系的各方面，如审美、美的创造等。

究竟什么是美学呢？学界常说，美学是一门既古老又年轻的学科。

说它"古老"，是因为人类的美学思想发展史源远流长：早在公元前六世纪以前，中外许多哲学家、思想家就已经在探讨美、美感和艺术现象，试图揭示人类的审美活动及艺术创作的本质规律。古希腊的毕达哥拉斯学派主张美在和谐与比例，中国的孔、孟、老、庄也都论述过美的问题。此外，"美学"这个词的起源，也是很古老的。它来源于希腊文 aisthetikos，同"感性""感知"的意思有关。

说美学"年轻"，是因为美学经过两千多年的发展，至今还不是成熟的学科，有许多根本问题，如美的本质、美的特征等，还未得到完满的解决。美学作为一门学科独立出来的时间也很短。

真正把美学独立出来作为一门学科进行研究并给它以"美学"名称的，是德国哲学家鲍姆嘉通（1714—1762）。1750 年，鲍姆嘉通的美学专著 *Ästhetik*[①]第一卷的出版，标志着作为独立学科门类的美学的诞生。鲍姆嘉通认为：人的心理活动包括知、情、意三个方面，研究"知"（即理性认识）的学科是逻辑学，研究"意"（意志）的学科是伦理学，研究"情"（情感）的却一直没有一门相应的学科。他建议设立一门这样的新学科，叫作"Ästhetik"（朱光潜译成"埃斯特惕克"），这个字照希腊字根的本意看，是"感觉学"。为什么说研究情感的科学就是"感觉学"呢？这是因为当时的人们把"情"也看成一种感性认识。

自鲍姆嘉通之后，"美学"这一名称才逐渐获得学术界的公认，美学也就成

---

① 显然，德语中"Ästhetik"的字面含义"感觉学"与"美学"并无明显联系，后来日本人中江肇民首先把 Ästhetik 翻译成"美学"。

了一门有别于哲学、逻辑学、伦理学的独立学科（此后还经过德国古典美学的深入、发展）。然而，时至今日，关于美学的研究对象依然是众说纷纭。

有人说，美学应该研究感性认识，这显然是以鲍姆嘉通为代表。在他那里，美学实际上就是感觉学、情感学，属于认识论。

也有人说，美学应以艺术研究为主要任务，这在西方是一种很传统的看法。黑格尔在他的三卷本《美学》中开篇就说：美学的对象"就是广大的美的领域，说得更精确一点，它的范围就是艺术，或则毋宁说，就是美的艺术"。由此出发，黑格尔主张为"美学"正名，认为用 Ästhetik 一词实在不恰当，因为该词的精确含义是感觉或感性学。他说"美学"应该是"艺术哲学"，或者更确切一点，是"美的艺术哲学"。黑格尔之所以将美等同于艺术，将美学等同于艺术哲学，是因为他认为自然界无所谓美，真正的美在艺术中。这一观点在西方美学史上很有代表性。现代西方美学虽然不得不承认自然美，但仍以艺术美为美学的主要研究对象。

还有人说，美学要重点关注自然与社会生活。

事实上，中国人很早就注意到自然美，《庄子》云："天地有大美而不言。"到了魏晋南北朝时期，人们把山水游赏所得来的美感转化为艺术，形成了山水诗画。山水画的祖师宗炳与山水诗的祖师谢灵运，都是南朝人。

中国人注重自然美的历史与西方不同。西方在 18 世纪之前极少重视自然美，到 18 世纪末，以德国的歌德、赫尔德、席勒等人为首的"狂飙突进"运动兴起，才开始歌颂大自然，创作了一些风景小诗，特别是歌德的风景诗（也有人称之为自然诗）表现了自然美，如《萨森海姆之歌》《五月节》等。[1]此后才出现了山水画派。由此可见，西方对自然美的欣赏是比较晚的。

中国人还非常重视社会生活的美，尤其是人的美。孔子就曾说："大哉尧之为君也！巍巍乎！唯天为大，唯尧则之。荡荡乎！民无能名焉。"[2]（《论语·泰伯》）魏晋时期人格品藻非常盛行，对其评论包括两个方面：外表（风姿）、内质（气韵）。这在《世说新语》中有许多例子（图 1-1）。由此可见，中国有很强的人格美的传统。中国传统美学的研究对象不止于艺术，亦包括自然美、人格美等。

还有学者指出，美学是研究人和现实之间的审美关系的科学。这里的审美关

---

[1] 多壮丽啊／大自然向我闪耀！／多灿烂啊太阳！／原野在笑！／／无数的花，／从枝头迸放，／千种天籁，／在树丛奏响。／／快乐、幸福，／在每个心头荡漾。／哦，大地，太阳，／幸福，欢畅！／啊，爱情，爱情，／美丽如金，／就像那边山上／漂浮的白云！／／你欣然赐福／这新鲜的原野，／花香中的／大千世界。（《五月节》前五节）

[2] 大，既是道德的范畴，也成了审美的范畴；巍巍，崇高；荡荡，广大；名，赞美。

图1-1 竹林七贤与荣启期

系指的是在审美活动中的主客体关系。就审美客体而言，美是美学研究的对象；就审美主体而言，美感就是美学研究的对象；就审美活动中主客体的统一而言，美的创造是美学研究的对象。因此，由对审美关系的研究而得到美学的三大对象——美、审美和美的创造，而美学就是研究美、审美与美的创造的科学。相形之下，这一观点考虑得或许更为全面。

（二）美学的任务

在大体厘清美学研究对象的前提下，人们对美学寄寓了厚望，认为它应担当起以下几项任务：

1. 深化我们对艺术的既有知识，把美学当作元批评学

所谓"元批评"[①]，也就是在批评之后，通过批评实践归纳出原则及方法，再为它提供指导和理论依据。

美学可以帮助我们了解各个艺术门类的共同特点以及它们各自的特殊性，比如说：什么是艺术？有人说艺术是社会生活的反映，普列汉诺夫则批判说这句话等于什么也没说，因为一切社会意识形态都是社会生活的反映。所以普列汉诺夫

---

① 元批评，meta-criticism，"meta-"意为"在……之后"。

认为：艺术是表现人的情感的，艺术是为了人的情感交流而设立的。这种说法抓住了艺术的根本特征，但要回答的是：艺术是如何表现情感的？同样是表现情感，为什么舞台上演员哭是审美，而现实生活中小孩子哭就不是审美？其实这二者的差别就在于演员的哭具有美的形式（借助意象）。

在日常生活中，人们要表现情感，或者是发泄一通，如怒则大叫，悲则大号；或者是转化为现实行动，对对象或迎或拒，或亲近友善或怒目相向。而艺术要表现情感，则需要通过意象使情感形式化再表现出来。如马致远的《天净沙·秋思》，就是通过枯藤、老树、古道、瘦马、夕阳等一系列意象来表现羁旅愁思。毕加索的《格尔尼卡》（图1-2）运用一系列强烈扭曲、变形的人和建筑，来表现对德国法西斯的愤怒与控诉①。可以说，一切艺术创造都是"立象以尽意"，艺术创造或欣赏就是把日常生活中人们经历过的情感通过意象来进行再体味。

总而言之，美学能加深我们对艺术的理解，能帮我们从经验感受的层面上升到理论思辨的高度，让我们明白美者何以为美，丑者何以为丑，从而对每一次审

图1-2 毕加索《格尔尼卡》

---

① 1937年4月，西班牙的格尔尼卡小镇被德国法西斯空军夷为平地，毕加索闻讯后极为愤慨，就为巴黎世界博览会西班牙馆画了《格尔尼卡》这幅壁画，对法西斯暴行表示强烈抗议：画中右边有一个妇女举手从着火的屋上掉下来，另一个妇女冲向画中心；左边一个母亲与一个已死的孩子；地上有一个战士的尸体，他一手握剑，剑旁是一朵正在生长着的鲜花；画中央是一匹老马，被一根由上而下的长矛刺杀，左边有一头站着的牛，牛头与马头之间是一只举头张喙的鸟；上边右面有一从窗口斜伸进的手臂，手中拿着一盏灯，发出强光，照耀着这个血腥的场面。这幅画描绘了西班牙小镇格尔尼卡遭德军飞机轰炸后的惨状。这幅画中，毕加索只用了黑、白、灰三种极悲悼情绪的肃穆颜色，而且，他充分使用了现代艺术的种种特殊武器。如：表现主义的自由变形，立体派的多角形图案和透明重叠平面，等等。毕加索运用现代绘画技巧，不仅恰如其分地表达了自己内心的情感，而且通过画作，向世人宣泄出了他对格尔尼卡所遭受的塌天之祸的恐惧和愤怒。

美活动、每一次情感愉悦都能探个究竟。

2. 提高我们的审美素养

提高审美素养不外乎两种途径：首先是不断地欣赏，特别是要多欣赏一流作品。古人云"凡操千曲而后晓声，观千剑而后识器""曾经沧海难为水，除却巫山不是云"，都可借用来说明审美实践的重要性。

提高审美素养的另一途径便是学美学，要树立正确的审美观点，用美学理论来校正审美趣味。这一点似乎是当务之急，特别是在新媒体极为发达的今天，美和艺术很大程度上已经被工业化、商品化了，它们可能既不是"为天地立心"，也不是"为生民立命"；既不是"经国之大业"，更不会是"不朽之盛事"。其中很多在资本这一杠杆的指引下，走向娱乐和消费。来势汹汹却又转瞬即逝的各类大众文化产品，很多时候除了能带给我们一些浅层的快乐，终究又能留下多少值得回味愿意回味的东西呢？

而我们受众，也常常身不由己地沉浸到由电子媒介所营造的甜蜜的色相世界中，我们猎奇，我们迷醉，我们狂欢……却在躁动之后觉得头脑中空空荡荡，一切都走向虚无，走向消解。我们太需要一些强大的理论来帮助我们区分高尚与卑俗、严肃与滑稽，从而能够清醒地活着。

3. 指导我们在实践中创造美

所谓在实践中创造美，主要是指美化人类生存环境，以及美化人生。

尽管人们常说"爱美之心，人皆有之"，但综观人类历史，肆意破坏、毁灭美的事物的事件却是层出不穷。楚霸王一把火烧掉阿房宫，英法联军火烧圆明园，还有一些人，打着"革命"的旗号把历史文物、名胜古迹、园林建筑、名贵典籍……砸的砸、烧的烧、毁的毁。而在经济建设的热潮中，又有多少人在物质利益的驱使下，任意毁损名胜古迹，破坏自然环境？这种摧毁"美"的丑恶之事只有在人类遭到美的历史性报复之后才会反省。

再说美化人生：幸福的人生应该让德智体美劳全面发展，然而现实中并非每个人都能做到这点。有的人四肢发达、头脑简单；有的人智力发达、道德低下；也有的人智力、道德都够水准，却与美无缘。他们没有生活的激情，不喜不忧不哀不怨，用孔子的话说就是"麻木不仁"。以上三种人的人生都是残缺的，都应该学会审美，从而为现实增添一点理想，实现艺术化的人生。

美学能够指导我们美化人生，其实也就是让美学逐步走向创造性的应用。但是，此举绝不意味着让美学庸俗化甚至市侩化。联想起20世纪80年代冠以各种名头的"×××美学"甚嚣尘上，此举固然呼应了因为经济迅速发展而带来的民众对于美好生活的向往，但也离不开很多学者为了哗众取宠而炮制出种种噱头来推波助澜的举动。只是短暂的热闹过后，人们尴尬地发现，美学似乎并不能对具体的审美活动做出多少指导，反而因其高深莫测的语词魔方使得越来越多的普通人敬而远之。

说来说去，作为应用美学的美学究竟有没有可能，其中的尺度该如何把握，肯定是三言两语难以说清楚的话题。

如果美学严重脱离具体的审美经验或艺术活动，将会变成自言自语的高头讲章，那样的美学价值究竟在哪里呢？如果美学过于拘泥于具体的审美经验或艺术活动，又会流于感性经验的描述，失去它的思辨色彩和理论指导价值，以致与艺术学之间难分彼此。而在事实上此二者的距离相去何止以道里计！艺术家谈艺术，更多地关注技法层面，譬如绘画的线条、色彩与构图等；美学家谈艺术，可能更多地关注形而上的层面，譬如道、气、"立象以尽意""气韵生动""外师造化，中得心源"，等等。

4. 增强审美教育的自觉性

审美活动曾经一直被人们寄予道德教化或者完善人性之厚望，中西方皆然。然而，环顾当今的审美教育，很多时候已经沦为培训机构的赚钱工具，或者异化为应试教育的从属物，但无论属于哪种情形，审美教育的诸多问题，都需要从美学当中寻找到强有力的理论支持与操作依据。那么，审美教育又是什么呢？

三、何 谓 美 育

在中外美学史上，很早就有人开始探讨审美教育。

西方社会从古希腊罗马开始，就已突出人文教育的地位，雅典的"缪斯教育"，其实就是美育和智育。德国哲学家席勒（1759—1805）于 1795 年在他的《审美教育书简》（图 1-3）中第一次提出"美育"的概念，并对美育的性质、特征和社会作用作了系统的阐述。因此，人们把《审美教育书简》视为"第一部美育的宣言书"。

席勒之所以提倡审美教育，有其深刻的社会原因。他认为，在当时的资本主义制度下，"国家与教会、法律与习俗都分裂开来，享受与劳动脱节，手段与目的脱节，努力与报酬脱节"，人只是被束缚在国家这个整体上的一个孤零零的断片。国家为了从整体上维护自己的存在，必然要否定个人的具体生活和精神需要，缺少对人的个性、自由和尊严的重视。这样做的结果是：国家始终是异于

图1-3　席勒《审美教育书简》书影

它的公民的，而公民对于国家也不会有任何情感。那么，在现存的制度下如何恢复人性的尊严？如何培养高尚的人格呢？席勒认为只有一条途径：审美教育，因为审美中兼顾感性与理性。

我们认为，以审美教育来完善人性，建立资产阶级的"自由王国"，这只能是一种虚幻的审美救世主义，一种政治改良主义。事实上美学真能救世么？显然是不可能的。

中国儒家所倡导的"修己""治人"之道，并由此突出"诗教""礼教"和"乐教"的地位，也早已被大家所熟知。《论语·泰伯》有言："兴于诗，立于礼，成于乐"。"兴于诗"，是指通过诗歌来使人的情感兴发感动。在孔子看来，诗的"兴"是最重要的，它可以激发、规范人的情感，要成为一个仁人君子首先要学诗，正所谓"不学诗，无以言"。"立于礼"的"礼"，指人的道德规范、典章制度。"礼"是处理人际关系的，所以礼包含道德。典章制度则指祭祀制度、教育制度等，通过一定的典章制度，可以把社会人群分成各个等级并形成一个网络，这都是礼。人们要用道德规范和典章制度约束自己的行为，就是"立于礼"。"成于乐"，乐教能使一个人长成。孔子认为，乐能改变人们的性情，感发人们的心灵，使人自觉地接受和实行仁道——君子"爱人"（行仁道），小人"易使"。按孔子讲，诗教和乐教都有助于人格建构，这和席勒所说的审美教育能完善人性在思想上不乏相通之处。

1912年，蔡元培提出了"以美育代宗教"说。蔡元培认为，人的精神有三种能力：智识、意志和情感。"最早之宗教，常兼此三作用而有之"。如：人在未开化时，不知道生自何来？死将何往？创造之者何人？管理之者何术？于是有宗教家勉强解答之。基督教推本于上帝，印度教归之于梵天，我国神话则归之于盘古。其他各种现象，也归结到神。这是知识作用附丽于宗教。又如：人生来有欲望，有利己之心。其初以为非损人不能利己，故恃强凌弱、巧取豪夺。其后，经验稍多，人们才明白利人也不可少，于是有宗教家提倡利他主义。这是意志作用附丽于宗教。再如：人生而有爱美之心，唱歌、跳舞，虽野蛮人亦乐此不疲。宗教家又以此为诱人信仰之法，于是未开化人之美术，无一不与宗教相关联。这又是情感作用附丽于宗教。

后世因科技发达，古人所谓不可思议之事，均释之以科学，知识作用离宗教而独立；宗教家说道德是神所制定、永世不变的。后世学者却发现具体之道德不能不随时随地变迁，意志作用又离宗教而独立；最后，只有情感作用，即美感，与宗教尚有联系。"然而美术之进化史，实亦有脱离宗教之趋势。例如吾国南北朝之建筑，则伽蓝耳；其雕刻，则造像耳；图画，则佛像及地狱变相之属为多；文学之一部分，亦与佛教为缘。而唐以后诗文，遂多以风景人情世事为对象；宋元以后的图画，多写山水花鸟等自然之美。……野蛮时代之跳舞，专以娱神，而今则以之自娱。"（蔡元培《以美育代宗教说》）

蔡元培进一步指出：当美育附丽于宗教时，常受宗教所累，不是用来陶养情感，而是要激刺情感。历史上各教派常拘牵于教义之成见，而扩张己教、攻击异教。所以蔡元培认为：若只为陶养性情而非激刺情感，不如舍宗教而易之以美育。在审美活动中人们都能抛弃人我之见、抛弃利己损人之心，而逐渐养成高尚纯洁的习惯。

蔡元培的主张也得到鲁迅的赞同。他向蔡元培建议，要求在我国普及美术（即美的艺术）教育。他在《拟播布美术意见书》中认为：美术可以健全人性，可以辅翼道德，可以增益才智。他主张德智美并举，另外还要有健全的物质载体，即人的体格，所以要重视体育。鲁迅主张四育并举，但当时中国的战乱使四育不可能并举。

针对美育发展的历史，已有学者指出：传统的美育是教化美育，它起于孔子"兴观群怨"的诗教理论和柏拉图"陶冶性情说"的乐教理论；现代的美育则是解放美育，它起于卢梭有关个性自由与发展的思想，又在席勒和马克思那里得到推进和完善。[1]但不论是哪种美育主张，都有着明确的现实针对性。

"从美育的历史看，美育是指一种以审美活动（包括艺术活动）为主要方式与手段的教育活动，但同时又是教育形态的审美活动。"[2]关于美学与美育之间的关系，美育包括美学知识的教育，美学理论也必然会渗透在整个美育过程之中，但美育在本质上不是理论和知识的教育，不是概念的逻辑体系的教育，而是引导受教育者在感情的、情感的活动中体验人生的意趣，提升人生境界的教育。[3]

---

[1] 肖鹰：《当代审美文化的美育策略》，《学术月刊》，1995 年第 2 期。
[2] 《美学原理》编写组：《美学原理》，高等教育出版社，2015 年，第 322 页。
[3] 叶朗：《美学原理》，北京大学出版社，2009 年，第 407 页。

在新时代，美育是审美教育、情操教育、心灵教育，也是丰富想象力和创新意识的教育，能提升素养、陶冶情操、温润心灵、激发创新创造活力。

四、美育的特征

关于审美教育的特征，古往今来的学者有很多精彩的论述。但总结起来，不外乎以下几点。

（一）审美教育以诉诸感性为起点

正如审美活动要以具体感性的美的事物之存在为前提，审美教育也应以感性形象的欣赏为起点，经由悦耳悦目的美感，达到丰富人的心灵、提升精神境界之目的。而这些具体感性的审美形象存在于哪里呢？既存在于自然界与艺术领域，也可向社会生活中寻找。

对于自然界的美，晚明山水画家唐志契在《绘事微言》中曾说："岂独山水，虽一草一木，亦莫不有性情。若含蕊舒叶，若披枝行干，虽一花而或含笑，或大放，或背面，或将谢，或未谢，俱有生化之意。"正是在寄情山水的过程中，我们忘却现实世界名缰利锁的羁绊，从而获得片刻愉悦。而艺术世界的美，《荀子·礼论》中曾说："雕琢、刻镂、黼黻、文章，所以养目也；钟鼓、管磬、琴瑟、竽笙，所以养耳也。"显然，艺术作品涤荡心灵的作用毋庸置疑。

至于现实生活中的美，恰如明代李渔的《闲情偶寄》所云，人类日常的饮食起居无不包含着审美的要素。就拿平时不大起眼的窗栏来说吧，它们不仅仅是建筑物的有机组成部分，有时自身也是一个个美丽的图案。譬如李渔设计的"梅窗"（图1-4），其窗框用古梅树干制成，不加斧凿，取其自然，然后在窗框内沿着主干设置上下倒垂与仰接的侧枝，形成两株交错盘旋的梅树，再在梅枝上点缀一些剪彩的梅花花朵。无论是近观还是远望，都犹如真正的初开之梅。更关键的是，窗栏有时还发挥着

图1-4 梅窗

"审美转换器"的作用，[1]就拿湖舫的便面窗来说吧，"此窗不但娱己，兼可娱人。不特以舟外无穷之景色摄入舟中，兼可以舟中所有之人物，并一切几席杯盘射出窗外，以备来往游人之玩赏。何也？以内视外，固是一幅便面山水；而以外视内，亦是一幅扇头人物。譬如拉妓邀僧，呼朋聚友，与之弹棋观画，分韵拈毫，或饮或歌，任眠任起，自外观之，无一不同绘事。"[2]（图1-5）窗栏如此神奇，它创造了一幅又一幅美轮美奂的生活图景，正所谓"你站在桥上看风景，看风景的人在楼上看你"，这何尝不是一种"日常生活的审美化"呢？！

图1-5 湖舫便面窗

总而言之，审美教育不能像知识灌输或道德教育那样诉诸理性，也不能像法律或行政命令那样从外面强加于人，而只能是以具体感性的形式欣赏为起点，潜移默化地陶冶人的性情。它是隐含的，而非显在的；是劝导的，而非强制的。

（二）审美教育是一种潜移默化的教育形式

正所谓"十年树木，百年树人"，审美教育绝非一蹴而就，实有待于教育者数十年如一日的辛苦努力，方能收到"润物细无声"的效果。

在一个人接受审美教育的过程中，家庭、学校和社会等三个环节均不可或缺。就家庭美育而言，父母是孩子的启蒙老师，家庭也是孩子接受审美教育的摇篮。一个家庭的环境、氛围、活动会潜移默化地影响孩子的审美趣味和审美观念。当年傅雷先生在写给孩子的信中，将孩子视为谈论艺术的知音，话题涉及唐诗、宋词、川剧、昆剧、绘画、弹琴技法和乐理知识等，他的孩子也为此受益终身。虽然，傅雷先生的文学艺术素养是很多家长所难以企及的，但这并不影响父母带着孩子欣赏各种美的事物。就学校美育而言，过去受重视的程度远远不及智育和德育，但实践证明，美育不仅可以培养青少年的感知能力、想

<hr>

① 杜书瀛：《李渔美学思想研究》，中国社会科学出版社，1998年，第219页。
② 李渔：《闲情偶寄》，郁娇校注，江苏凤凰文艺出版社，2019年，第151页。

象能力，提升思维创新能力，而且能够陶冶性情、涤荡心灵，收到以美启智、以美育人的效果。因此，学校美育和智育、德育、体育、劳动教育其实是相辅相成的。就社会美育而言，它既包括物质生活的美育，也包括精神生活的美育。就物质生活而言，国家可以通过保护文物遗迹、治理生态环境、兴建文化设施（譬如博物馆、美术馆、音乐厅、影剧院、体育场和文化中心）等措施来实现社会美育的目的；就精神生活而言，政府和媒体要大力弘扬社会主义核心价值观，在全社会营造气朗风清的社会氛围，倡导积极健康的审美风尚。以上三种美育的合力，型塑着个体的审美趣味与审美能力，这就注定了审美教育是一个漫长而渐进的过程，任何急功近利的思想固然能取得一时之效，但终究难以持久。

当然，在审美教育实施的过程中，也不排除某个瞬间会出现"顿悟"的情形，就像柏拉图所说的，"这时他凭临美的汪洋大海，凝神观照，心中涌起无限欣喜，于是孕育无量数的优美崇高的道理，得到丰富的哲学收获。如此精力弥漫之后，他一旦终于豁然贯通惟一的涵盖一切的学问，以美为对象的学问。"[1]当然，对美的事物这种瞬间感悟之所以发生，其实还是有赖于此前多年的熏陶与浸润。

（三）审美教育的接受者具有主观能动性

审美教育所面对的并不是机械的物质产品，而是活生生的、具有能动性的人。由此使得审美教育并不是在任何时候都能完全按照施教者的设定而推行下去，因而使得审美教育的最终成果充满很大程度的不确定性。

五、大学美育课程的意义

2020 年，中共中央办公厅、国务院办公厅联合印发《关于全面加强和改进新时代学校美育工作的意见》，其中曾明确提出：高等教育阶段应"开设以审美和人文素养培养为核心、以创新能力培育为重点、以中华优秀传统文化传承发展和艺术经典教育为主要内容的公共艺术课程"。相对于艺术史论类、艺术鉴赏类以及艺术实践类课程，"大学美育"无疑更具理论思辨色彩，而由此给青年大学生所带来的思想启迪与审美能力提升也应更为显著。我们认为，通过"大学美

---

① 柏拉图：《柏拉图文艺对话集》，朱光潜译，人民文学出版社，1978 年，第 272 页。

育"课程的学习，青年大学生可以获得以下收获。

首先，大学美育积极发掘传统美学资源中的"中国经验"，能增强学生的文化认同。譬如，在面对自然界的美景时，受天人合一观念之影响，国人以抚爱万物的态度与之相对，五岳、黄山、长江、黄河……中华大地上壮丽山河的审美价值，早在魏晋南北朝的时候就得到发掘和体认。时至今日，则发展为"让居民望得见山、看得见水、记得住乡愁"的伟大号召。在面对社会生活之美时，魏晋人格（魏晋风度）在超脱世俗功利的背后，却又饱含着对于艺术的钟情，这在"躺平"俨然已经成为某种时尚的当下，对于引导学生树立"以出世的精神做入世的事业"之人生态度何尝没有积极价值呢？！而在中国艺术领域，雕刻、绘画、书法、建筑、戏曲等等，无不以其独特的艺术语汇、别样的审美趣味以及超凡的艺术追求（"以艺进道"），成为彰显国人心灵幽情壮采的窗口。绘画领域吴道子、韩干、韩滉等人的作品，在造型方式上与西方绘画差异甚大，背后却深含宗白华所说的"一画界破虚空，生成万象"之笔墨意趣。中国近年所建造的大量尺寸超常、比例超常的建筑物，让观者油然而生自豪感与崇敬感，这何尝不是崇高范畴在当代的崭新实践？！对于上述资源的发掘，小而言之，可以大幅提升"大学美育"课程的品位；大而言之，对于全球化时代增进年轻人的审美认同与文化认同，更具有积极意义。尽管有关中华美学精神之探讨，容易流于宏大叙事甚至走向浮泛，但借助上述诸种细节的阐释与贯彻，则使得这种传承不至成为空谈。

其次，大学美育致力于探讨"中国问题"，能培养学生的家国情怀。现代科技的迅猛发展，在推动着当代艺术生产飞速前进的同时，也带来泥沙俱下的审美现象，自然也就给青年大学生带来很多审美困惑。这些困惑有些是全球化进程所带来的并且具有普遍性，有些则是中国在近些年的发展中所特有的。但无论哪种情形，我们在教学过程中都不应回避也无法回避，而应引导学生关注当代中国在现代化发展过程中遇到的新形势与新问题，并对这些审美现象及时做出解释，解答好青年大学生的审美困惑，以免出现把低俗当高雅、把无聊当有趣的不良倾向。

再次，大学美育在话语表达上，多采用具有浓郁民族风格的"中国话语"，能提升学生的文化自信。近些年美学界确实出现一些不好的倾向，那就是"言必称西方学术资源，对中华美学资源的开掘、整理、配置都很不够，加之一种盲目西化的思潮把中华美学精神原本的文化基因加以解构后贩卖'转基因'，影响制约了对中华美学精神的传承和弘扬。"[1]对于这些不良倾

---

① 仲呈祥：《传承和弘扬中华美学精神》，《艺术百家》，2014年第6期。

向，已经有学者提出了批评。诚然，我们既不是文化虚无主义者，也不是历史虚无主义者。即使我们身处新媒体极度发达的今天，传统美学理论依然具有时空穿透力。它们不仅可以解释古典时期的审美现象，同样也可以用来解释大众传播时代的审美风尚。道、气、象、意境、虚实相生、一切景语皆情语……这些话语言近旨远的魅力，不仅能让每个中国人都产生强烈的共鸣，而且拿它们来解释当下的审美现象也绝无违和感。对于传统话语的恰当使用，必能提升学生的文化自信。

总而言之，"大学美育"并不是"美学"或"艺术概论"等课程的翻版，它并不以系统学习理论知识为目的，而是以具体审美现象的赏析为起点，在潜移默化的过程中达到某种体悟。记得黑格尔曾经说过："审美带有令人解放的性质"，高校美育课程确实能让学生放松心灵、陶冶情操，但若完全止步于此，以娱乐精神来指引大学美育，那其实是美育课程品格的自我降格与放逐，最终会不可避免地陷入"恶俗的循环"。因此，我们今天提倡从娱乐精神转向中华美学精神，这种返璞归真的举动，也是打造高校美育"金课"、培养合格的社会主义事业建设者和接班人的必然举措。唯其如此，才不至于让"立德树人"的目标流于空谈。

【思考与练习】

1. 为什么说美学是一门既古老又年轻的学科？

2. 美学研究的意义何在？

3. 你认为，大学美育课程，应该如何适应当代大学生的实际？

【延伸阅读书目】

1. 尼尔·波兹曼：《娱乐至死》，章艳译，广西师范大学出版社，2004 年

2. 朱光潜：《谈美》，生活·读书·新知三联书店，2012 年

3. 席勒：《审美教育书简》，张玉能译，译林出版社，2012 年

4. 陆扬、王毅：《大众文化研究》，上海三联书店，2001 年

5. 李渔：《闲情偶寄》，郁娇校注，江苏凤凰文艺出版社，2019 年

第二章 美育之基：审美活动

一、何谓审美活动

二、何谓美感

三、审美感受的特征

四、审美判断及其标准

美与不美，这种话题只有对人类才有意义。在人类出现之前，宇宙中的日月星辰、地球上的山川河流花草树木，它们已经存在了亿万年。但要是问它们美还是不美，其实是没有办法回答的。只有在人类出现以后，人类运用自己的审美能力去判断和评价它们，这些事物才有了美丑之分。而审美教育就是按照设定的审美活动，引导欣赏者的审美趣味朝着积极健康的方向发展，最终实现塑造健全人格之远景目标。也正因如此，我们今天要探讨审美教育的诸多问题，就必须从具体可感的审美活动出发。

一、何谓审美活动

审美活动是社会的人特有的一项实践活动，它包括对美的感受、体验和评价，也包括人的审美创造——现实美和艺术美的创造活动。广义地说，它还可以包括人的审美教育活动，即通过审美对自身人格进行重新塑造。

我们之所以强调审美活动是社会的人所特有的，主要原因如下：

（一）审美活动不是单纯的生物学现象

宇宙万物之中，无机物和植物不能审美，这已是众所周知的事情。那么动物呢？19世纪中叶，达尔文在《人类的由来》中提出"动物审美论"，他认为人和动物的审美能力一致，所以人的审美能力只是一个单纯的生物学问题。例如不少鸟类，其中雄性个体有极其绚丽的羽毛，每逢特定时节，它们便会在雌性面前展现羽毛之美，如雄性孔雀开屏。有的鸟类还以优美的鸣叫、有节奏的动作来博得对方的欢心。达尔文据此推论说，这些美的展示，必然能激得对方的赏识，要不然岂不是白费工夫？

然而，达尔文的看法并不确切。某些雄性动物的美，属于第二性征。它们所谓的"审美活动"，主要发生在发情期，是一种求偶行为。这些雄性个体，如果在未成年期即遭阉割，它们的所谓美的特征，也告退化。而且，它们只能给自己的同类雌性对象展示某种"美"，却不能欣赏自然界的美。

那么动物究竟能不能审美呢？这一问题并不是三言两语就能说得清楚，特别是随着现代生物学的发展，人们似乎找到越来越多的关于动物"审美"的例子。

图2-1 园丁鸟精心装饰后的
巢穴

例如：有些歌鸟，如白喉麻雀，可以根据该物种所有成员使用的调子和节奏的基本样态进行富有个性的"即兴表演"。沙丘鹤能完成复杂的"双簧舞"，它们屈膝、转向、竖趾旋转，用一种足以打动任何舞蹈动作设计者的富于灵感的双人舞姿势拍动着它们的翅膀。澳大利亚和巴布亚新几内亚的雄性园丁鸟的行为似乎更是"审美的"，它们搭建和装饰理想中的蜜月场所（图2-1），其结构和布置会让人吃惊，有些鸟用石头或棍棒摆成环形来划分出一块区域，其他鸟用草搭建拱洞或风洞，基本场所用有色的花瓣、叶子、石子或可用的任何东西精心而巧妙地加以装饰。

仅凭上述有限的例证，我们只能认为：动物是不能审美的，只有人才能欣赏美和创造美。

（二）在审美活动中，美需要社会人群分享

审美具有无私性，美从来都需要供他人欣赏。即使是自我欣赏的美，如梳妆打扮，也需要与别人共享。如《诗经·卫风·伯兮》："自伯之东，首如飞蓬。岂无膏沐，谁适为容？"（适，喜悦）司马迁说"女为悦己者容"，建安诗人徐干的《室思》也写道："自君之出矣，明镜暗不治。"

其实不独梳妆打扮如此，人的审美活动包括一切艺术活动在内，都需要社会人群分享。艺术家的创作和表演，总是要期待读者或观众的欣赏，总是要期待自己的"知音"。如司马迁要把《史记》"藏之名山""传之其人"，司汤达创作出《红与黑》之后，认为大概100年后才真正有它的读者。

从某种意义上说，美需要与社会人群分享，反映出审美活动是社会的人在精神上、情感上进行交流的特定方式。如同康德所指出的，审美表现着人适应社

会、向往社会的内在需要，美只有在社会中才能引起兴趣。他说："如果一个人被抛弃在一个荒岛上，他就不会专为自己而去装饰他的小茅屋或是他自己，不会去寻花，更不会去栽花，用来装饰自己。"

（三）审美活动随社会发展而不断发展、不断更新

审美活动的历史变迁，较为明显地表现在以下两个方面：

一是审美范围的日益扩大。世界各地发现的古老的艺术，如原始雕塑、洞穴壁画，主要表现的是人自身的活动（如狩猎），以及这一活动的对象（如野兽）。经过漫长的、上万年的历史，人们才开始注意到人生活的自然背景，将江河湖泽、原野山峦、花草树木当成自己的审美对象，发现自然景观的美。今天，随着科学技术的突飞猛进，人们已在到处谈论宇宙空间的天然美景，向往着时尚的航天旅游了。

二是审美趣味的变化和更替。审美趣味表现为主体的审美选择性，表现为主体在审美上特有的爱好、趋向和需求，它带有强烈的个性色彩与时代性。如有些对象，在某个历史时期被称为美的对象，此后却被认为并不美，例如缠足。而后代人创造出的一个又一个新的审美对象，表现着后人的审美趣味，则是前代人不曾想到的，古人做梦也想不到会有今天的电子传声艺术和电影电视艺术。

又如魏晋之前，中国人追求的是镂金错彩之美。长沙马王堆一号汉墓出土的帛画色彩绚丽、人物奇诡，直承楚文化特色，人文色彩很浓厚。汉赋中司马相如的《子虚赋》《上林赋》，极尽铺陈夸张之能事。魏晋时追求出水芙蓉之美，可谓绚丽之极归于平淡，如谢朓的诗，诗风清新流丽，较少繁芜词句和玄言成分。像《晚登三山还望京邑》（京邑，即江陵）一诗刻画春江日暮景色，词句颇为精警工丽。诗中"余霞散成绮，澄江静如练"一句受李白赞美，也被后人广为传诵。

总之，对于审美趣味的时代变迁，正如车尔尼雪夫斯基所言：每一个时代的美都是而且应该是为那一代存在的。

（四）从汉字"美"的字源，也可以看出审美活动的社会性

早在三千余年前殷人使用的甲骨文里，就有了"美"这个字（图2-2）。20世纪80年代初据肖兵先生考证，上部作"羊"，下部作"人"（"大"训"人"），意谓"羊人为美"。所谓"羊人"，指的是头戴羊冠或饰以羊角的巫师或酋长（巫与酋同），他们执掌种种巫术礼仪，向祖先与神明祈求幸福安康。"羊人"既代表权威，又体现了先民的愿望，是沟通神人两界的特殊人物，故美。汉代许慎在《说文》中，对"美"的字义作过另一解释："美，甘也。从羊，从大。羊在六畜主给膳也，美与善同意"。宋代徐铉明确指出："羊大则美，故从大"。如果说，"羊人为

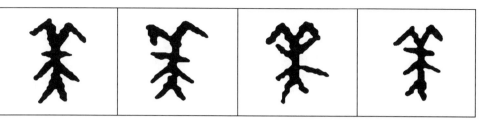

图 2-2　甲骨文中的 "美" 字

美"重在"美"与原始巫术礼仪的联系，出现的时间最早；那么，"羊大则美"重在"美"与味觉快感、与实用活动的联系，它出现的时间要晚一些，代表了美与善未分化时的观念。这两个"美"字从字源学上证明了审美活动是一种社会现象。

到了春秋战国时期，人们对美的理解则仅仅把美联系于对象的形式及其和谐，这时美、善已经分化。如《论语·八佾》（佾，古时乐舞的行列）中记载孔子欣赏"韶"乐时说："子谓《韶》：'尽美矣，又尽善也'。谓《武》：'尽美矣，未尽善也'。"《韶》表现周文王"文治"（他当时未取得政权），推行人文教化。《武》表现周武王伐纣、建立王国的武功。孔子认为《韶》乐艺术形式美，内容较好；《武》乐形式美，但内容不完满。因为孔子主张人文教化，反对武力征伐。孔子实际上就已区别了"美"与"善"。

以上对"美"的解释代表了"美"的发展历程，都说明了美不能脱离社会历史。

综合以上几点可知，离开人、离开人类社会，就没有审美活动！在审美活动中，我们获得的是一种特殊的精神愉悦——美感。那么美感到底是什么呢？

二、何 谓 美 感

美感有广义和狭义之分。狭义的美感，亦称审美感受，指的是审美主体对于当时当地客观存在的某一审美对象所产生的具体感受。广义的美感，又称审美意识，指的是审美主体发现美、评价美的各种意识形式，包括审美感受以及在审美感受基础上形成的审美趣味、审美体验、审美理想、审美观点等所共同组成的意识系统。

其中审美趣味指主体对审美对象或对象某些方面的指向性和选择性；审美体验指主体在产生审美感受的同时，对自己的情感态度反省内视，反复玩味与咀嚼；审美理想指主体对悬于心目的、尚待实现的美的事物和美的境界的追求和向往；审美观点则指引导和支配主体进行审美的美学理论观点。

审美理想与审美观点是有区别的:审美理想虽然也有理性成分,但它是以感性形态出现的理性需求,而审美观点则摆脱了感性成分;审美理想是用审美意象表现出来的,审美观点则是用概念、学理的形式表现出来的。

美感研究处在美学研究的核心地位,但是这一认识在中西方美学史上都是经历过曲折的:

在西方,1750年,鲍姆嘉通创立美学,是将其放在哲学中的。1876年,德国心理学家、哲学家和美学家费希纳(1801—1887)在他的《美学入门》中提出:要把"自上而下的美学"和"自下而上的美学"区别开来。他把对美的哲学探讨,即从一定的哲学体系出发,经过哲学思辨和逻辑论证,用演绎的方法从一般到特殊来探讨美的本质的传统美学称为"自上而下的美学"。这种美学历来都是哲学的分支,从古希腊的柏拉图到近代的康德、黑格尔,他们的美学都属于这一类。

费希纳主张美学必须从哲学体系中解放出来,着重研究主体的审美感受,经过不断归纳去寻求美学的法则。他把这种研究方法称为"自下而上的美学"。

从费希纳开始,"自下而上的美学"逐步成为西方美学的主流。这一发展趋势,虽然没有、也不可能取消人们对美的本质的哲学探讨,但却证实了审美心理研究在美学中的重要地位。

在中国,二十世纪二三十年代,朱光潜、宗白华留学西欧,受这一潮流影响,他们也认为美学应该以研究审美经验为主。朱光潜在他的《文艺心理学》中指出:"美学的最大任务就在分析这种美感经验。"宗白华也在他的《略谈艺术的"价值结构"》中说:"美感过程的描述,艺术创造与艺术欣赏之心理分析,成为美学的中心事务。"由此可见,朱光潜和宗白华都是承接了西方美学的现代转向、并积极适应这一历史潮流的。

但在20世纪50年代,朱光潜的观点却受到不公正的批判,许多美学、心理学思想被不适当地提到哲学上来讨论。如"移情"说,这在经验上是极为常见的。高兴时,花儿也向我点头;痛苦时,青山亦为我含悲。这正是王国维所说的"以我观物,故物皆着我之色彩"。但是这一现象放在哲学上就会被列入"唯心论",这其实是把两个不同层面的东西硬扯在一起。直到20世纪80年代,人们才重新认识到美感研究在美学中的重要地位。

其实,费希纳所提出的美学的现代转向,也有其理论上的必然性与合理性:

(一)美是需要通过美感来确证的

一件事物美与不美,既不能用科学仪器来测量,也不能通过逻辑推论来判断,只有通过人的美感才能确证。朱光潜曾反复提到"花的红"不同于"花的美"这一命题，以证明美感的重要作用。

说这朵花红，是逻辑判断，可以用自然科学手段分析测量，还可由此构成逻辑定式；说这朵花美，是情感判断，只能由"这朵花"所引起的人的领会和感动来确证。

（二）美感研究可为艺术批评提供法则

艺术活动从本质上说就是美感的传递和延伸过程。艺术家将他的美感通过艺术品传达出来（艺术作品成了美感的物态化形式），欣赏者则从作品出发，经过再创造，形成自己的美感。因此，抓住了美感，也就抓住了艺术活动的心理本体。具体地说，抓住艺术家的美感（创作心理），可由此分析艺术的本质、创作目的；抓住欣赏者的美感（欣赏心理），可由此分析文艺的社会作用。

正因为美感研究之重要，西方许多批评流派都有不同的美感理论作"后援"。如印象主义批评，以英国赫兹立特和查尔斯·兰姆为代表；形式主义批评以罗杰·弗莱和克雷芒·格林伯格为代表；心理学批评，以弗洛伊德、荣格为代表；等等。传统的意象式批评亦然。

弗洛伊德认为，人生而有两大本能：性欲本能和自我本能。其中最重要的是性欲本能，它是人类一切生活和行为的根本动因。人的自然欲望大半是性欲或性欲的变相，它驱使着我们顺着自然的冲动以寻求肉体需要的满足。但在现实生活中，受社会条件的限制，人的欲望不可能随时得到满足。不能满足的欲望就被压抑到隐意识的领域[①]，在那里意识照看着它。然而，欲望虽被压抑，其活动力却有增无减，遂形成情意综。它时时想骗过意识的检查而求得满足，其途径有二：一是做梦，通过梦境得到化装的满足；二是升华为文艺创作。譬如：《蒙娜丽莎》（图2-3）那神秘的微笑与

图2-3　达·芬奇《蒙娜丽莎》

---

① 弗洛伊德把人的心理构造分为意识（受道德、法律、功利观念支配）、前意识——通常记忆、隐意识——被压抑的欲望。

达·芬奇早年对母亲的记忆和幻想有关，这幅画表达了画家对早年别离的母亲的思念，是达·芬奇俄狄浦斯情结升华的表现。

弗洛伊德由此分析《俄狄浦斯王》和《哈姆雷特》，认为它们都体现了恋母情结，因为它们都表现了同一主题——弑父。艺术家创造这些作品，使自己在童年时期形成的恋母情结得到释放。一位现代观众之所以被《俄狄浦斯王》打动，也是因为"在俄狄浦斯王身上，我们童年时代的最初愿望实现了"。

弗洛伊德之后，其弟子荣格又提出"集体无意识"。弗洛伊德认为，隐意识全在后天形成（欲望与环境冲突），并非得诸遗传。荣格则认为：自人类出现以来，已有亿万年的历史，每个人都是这亿万年历史的继承者。这亿万年中人类所受环境的影响、所得的印象、所形成的习惯和需要，都依赖遗传的影响储存在每个人的内心深处，这便是"集体无意识"。至于艺术家的创作，从表面上看是绝对自由的，其实是受集体无意识支配的，艺术家不过是集体无意识的代言人。由此出发，荣格认为杀父娶母在野蛮时代已经是普遍的经验，现在的"俄狄浦斯情结"只是一种很远的种族记忆。

"泛性论"自当批判。人生而有性欲，但并非人人均为艺术家。然而精神分析学派从作家和读者的无意识出发，分析作品的创作原因及文艺的社会作用，确实能给我们不少启发。譬如：弗洛伊德对《哈姆雷特》的解释。哈姆雷特可以做任何事情，就是不能对他的叔父克劳狄斯——那个杀死他父亲、篡夺王位并娶他母亲为妻的人进行报复，因为这个人向他展示了他自己童年时代被压抑的愿望的实现。这样，他心里驱使他复仇的敌意被自我谴责和良心的顾虑所代替。这让哈姆雷特觉得自己并不比他要惩罚的罪犯好多少。这个解释回答了几百年来人们一直说不清哈姆雷特为何迟迟不报杀父之仇这一问题。可以说，20世纪各种各样的现代派艺术和文学流派，都打上了精神分析学说的印痕。

（三）审美教育以美感经验研究为依凭

审美教育也称作美感教育，它是施教者通过可控的、设定的审美活动，影响受教者的美感心理，并完善受教者人格结构的过程。施教者如何设定这些审美活动？其依据就是受教者的美感心理特点，譬如儿童的审美教育就不同于青少年的审美教育。

当然，在既往的美感研究中也存在两大误区：一是将审美心理学纳入普通心理学，成为后者分支。由此用一般心理学原则衡量美感，抹杀了美感心理的特殊性。二是将美感心理一味作哲学分析，把美感心理哲学化，抽掉具体性与生动性，如"移情"说。

三、审美感受的特征

朱光潜曾经在《谈美》中说，同一棵古松（图2-4），在木商、植物学家和画家眼里，是不大一样的。在这三种态度之中，只有画家的态度是审美的。由此可见，审美感受（狭义美感）具有以下特征：

（一）非功利性

木商的态度是实用的、功利的，他想的是怎样占有、利用这棵古松。由这种态度出发所进行的是实用活动，主体是自由的，客体（古松）则不自由，处在被支配、被利用、被改造的地位。画家的态度是非功利的，它所带来的精神愉悦超越了个人的功利考虑，主体和对象都独立自主，都有充分的自由。当然，非功利性也要把道德上的赞许或尊重排除在外。

图2-4　古松

（二）非概念性

植物学家的态度是科学的、认知的，是凭借概念和逻辑推理来进行的。他认知的结果正确与否，还要归结到对古松本身进行观测。在这项活动中，主体认识的对与错、是与非完全取决于认识是否符合客体自身，因而是不自由的。客体（古松）则有充分的自由。画家则是不凭借概念和逻辑推理而直接对古松（美的事物）进行情感评价。[①]这种评价可以是正，也可以是负，主体和对象都保有充分的自由，具有非概念性的特征。

综合以上两点，可知美感的最根本特征是自由感受。这种自由不仅表现在非功利和非概念上，还表现在它是精神愉悦。

---

① 当然，这中间又包含着不确定的理解——体悟，譬如把古松看成高风亮节的君子等。

（三）美感是建立在感官快适基础上的精神愉悦

毫无疑问，美感要以感官的快适为起点。绘画、建筑要看起来"顺眼"，乐曲、歌曲要听起来"顺耳"，才能引起感动、唤起内心的激赏。这就是国人常说的"赏心悦目"。

审美感受虽然和生理快感有关，但是它又是超越了感官快适的精神愉悦。悦目必须进而为"赏心"，即精神上、心理上的愉悦。所以，美感和生理快感有以下区别：

（1）生理快感具有私人性质，如食欲的满足，各人口味不一，大家各行其是，你以为津津有味，别人未必首肯，也无需别人首肯。而审美感受却具有社会分享性，它本身就要求社会的普遍赞同，你以为美，得到了美感，你就希望这份美能与他人共享，受到普遍赞同。如"女为悦己者容"。

正因为如此，一个对象能否引起生理快感，常常不需要争论。而一个对象能否引起美感，却常常引起争论，甚至是热烈的争论。如《红楼梦》接受史上的"拥林派"与"拥薛派"之争。

（2）生理快感只限于生理领域，美感却要由感官的生理快适进到精神上的满足和愉悦。在美感愉悦中，往往渗入了伦理上或理性上的满足，这种满足甚至使某种生理的痛感、不快感因素也能转化为快感。这在欣赏悲剧或崇高的事物时非常普遍。

（3）生理快感持续时间是短暂的、容易餍足的，美感则能使人长时间持续其愉悦感。孔子在齐国闻《韶》，"三月不知肉味"，此说固不免夸张，但却指出审美的愉悦比生理的愉悦（肉味）更高级、更持久。

美感之所以具有持久性，是因为美感中包含着欣赏者的自由创造。同一部作品，每读一次，都会有新的发现、新的体验，故小说能常读常新。

四、审美判断及其标准

（一）审美判断的主客观条件

审美判断，即美感的获得，它是主体对审美对象的审美价值进行判断的特殊方式。但是，对美，并不是任何人在任何条件下都能产生美感的。在审美过程中，能否产生美感，必须具备主客观两方面的条件。它既要求客观事物必须具有美的品质，又要求审美者必须具有审美的生理条件（生理基础）、心理基础和审美者应有的素养。具体来说，作为审美客体，它必须具有可亲可感的外观形式——美的品质，如人们都觉得蝴蝶美，而很少有人说蚊子、跳蚤美，就是因为蚊子、跳蚤的外观形式不具备美的品质。审美客体的外观形式有时还是"有意味的形式"，国画中一叶扁舟、几只鸥鹭，余下皆为空白，却觉水天空阔、烟波无限，正所谓"白多余韵""无画处皆成妙境"，让人产生无限遐想。南宋有个很有名的画家，名叫马远。他画山，不画全山，常常只画山的一角；画水，不画全水，常常只画水的一涯；画其他的景物，也只画个"半边"，在画幅上留下很大的空白。因此，当时的人就送了他一个雅号："马一角"。其实，这个雅号并非嘲讽，而是概括了他的艺术风格。这个风格就是以少胜多，以小胜大；少中见多，小中见大。这也正是马远艺术构思的独特之处。例如他的《寒江独钓图》（图2-5），画中只画了一叶扁舟漂浮水面，一个渔翁坐船上独自垂钓。四周除了寥寥几笔微波，几乎全为空白。但却有力地烘托出了江面上一种空旷渺漠、寒意萧条的气氛，这反而更突显了渔翁凝神贯注于"钓"的神态，也给欣赏者留下了驰骋想象的空间。这样，看起来画面上空白不小，但实际上并非空白，而是"虚"中有"实"。

　　审美主体的条件则决定着客观对象能否以及在何种程度上进入主体的审美视野、成为他的审美对象，决定着主体所获得的审美愉悦的高低、强弱、深浅。

图2-5　马远《寒江独钓图》

那么审美主体的条件又包含哪些方面呢？它通常有四个方面：

1.要有健全的社会化的审美感官

这主要指能欣赏形式美的眼睛和感受音乐美的耳朵。某一感觉器官的机能有障碍的人，其相关方面的感受能力就会有缺陷。如先天的聋、盲、哑人，就无法判断自然景观和艺术作品是否美。他们中即使有个别人能通过抚摩雕塑来获得一定的审美体验，那也无法同耳目健全的人相比。

然而，即使具有健全的审美感官，每个人在感受的敏锐性、想象力的活跃度（见一堆乱石、墙上的污渍而能遐想无限）以及统摄力[1]的强弱方面也还是有很大差异的，由此形成审美能力的无限级差。

2.要有必要的审美素养

这里的审美素养其实包括知识储备、文化教养以及生活阅历等多个方面。

首先，审美主体对于当下审美对象有关的知识，要有一定的甚至足够的储备。判断植物的花朵之美，虽然不必充分了解植物的种属及其生物的、物理的、化学的属性，但对于花朵的色、形、味必须有起码的了解。判断艺术作品之美，要懂得一般的艺术技巧方面的知识，如音乐的曲式、戏曲的程式、电影的蒙太奇、绘画的色彩与构图等。此外，还要了解作者及作品写作、发表时的社会背景。

其次，审美主体要具备同审美对象相适应的审美能力。这包括来自教育与环境影响的审美意识和文化传统，以及对民族欣赏习惯的认识与把握。例如：中国人对于青松，日本人对于樱花，都是将它们作为一种别具情味的传统意象加以欣赏和判断的。青松那种坚忍不拔、崇高圣洁的品格，不是中国人，很难领略；樱花所蕴含的对易逝的生命的眷恋和怜惜之情，不是日本人，也终隔一层。再如：哥特式建筑与中国宗教建筑的区别，中国画与西方油画之间的区别（宗白华《中西画法所表现的空间意识》），中国人对于梅、兰、竹、菊四君子的偏好等。

此外，审美主体对社会的经验和认识也至关重要，只有生活阅历深广的人，面对一个对象时才会产生丰富的联想和想象，才容易激发起深沉的情感，才会敏锐地审辨它的美。同一部《三国演义》，老者和少年的理解是大不一样的，前者关注的是"运筹帷幄之中，决胜千里之外"的智慧，后者关注的是打打杀杀的场面。杜甫的《春望》，没有经历过国破家亡之惨况的人，也难以体会到其中的沉痛。

3.要有一定的审美心境

《淮南子·齐俗训》说："夫载哀者闻歌声而泣；载乐者见哭者而笑。哀可乐

---

[1] 统摄力：把五官感觉沟通成统一的内心感受的能力。如欣赏雕塑，感受它的重量、温度、光滑度，视觉与触觉沟通。

者，笑可哀者：载使然也。"这说明，一个人心境的好坏，不仅能强化或钝化他的五官感受能力，而且还可能引起完全相反的感受。如《诗经·采薇》："昔我往矣，杨柳依依；今我来思，雨雪霏霏。"前两句以乐景写哀，后两句以哀景写乐。又如宋代蒋捷《虞美人·听雨》：

少年听雨歌楼上，红烛昏罗帐。壮年听雨客舟中，江阔云低断雁叫西风。
而今听雨僧庐下，鬓已星星也。悲欢离合总无情，一任阶前点滴到天明。

4. 要有进步的审美观点

审美观点是人们在实践中形成的关于美的理性认识，它一经形成就具有相对独立性和稳固性。它指导着人们的创作和欣赏，制约着人们对现实、对艺术的审美判断。如陆游《卜算子·咏梅》与毛泽东《卜算子·咏梅》的区别。一个缺乏进步世界观和审美观的人，对某些东西便难以欣赏、难以判断，有时甚至闹到美丑颠倒的地步，被鲁迅先生批判的"国粹派"即在此列。

综合美感产生的主客观条件可知：审美活动必须建立在主客体相互适应的基础上，审美主体在以上四方面的差异是美感个体差异产生的主要原因。

（二）审美判断标准的主观性和客观性

综观人类审美实践，人们总是自觉或不自觉地运用着某种相对稳定的标准去衡量对象审美价值的高低。这个标准，便是人们的审美趣味、审美理想。它既具有主观性和相对性，也具有客观性与绝对性。

由于审美主体的生理基础、心理素质、文化教养、生活环境与生活经历各不相同，人们的审美能力在质与量两个方面都会产生无穷的级差。千差万别的审美能力的具体表现，便是每个人都有不同的审美趣味，它不但有高下之分，而且有健康与病态、进步与落后之别。因此，审美标准具有主观性与相对性。

然而，现实生活中的每个人，作为社会关系的具体承担者，他的审美趣味不能不包含着、体现着一定时代、民族、阶级共同的审美要求和审美理想。因此，审美标准又具有一定的客观性与绝对性。

下面我们就来谈谈作为客观标准的审美趣味的社会共同性。

1. 时代的共同性

各个时代的人们，受特定社会实践内容和时代精神的影响、制约，形成各自不同的审美理想。在这种审美理想的指导和规范下从事美的欣赏和创造，其审美趣味和创作风格自然会表现出时代的特点。这就形成了审美趣味的时代性。

在探讨艺术作品本质的时候，法国学者丹纳认为："要了解一件艺术品，一个艺术家，一群艺术家，必须正确地设想他们所属的时代的精神和风俗概况。这是艺术品最后的解释，也是决定一切的基本原因。"①而为了证明上述说法，丹纳特地列举了欧洲艺术史上几个关键节点的作品为例证。譬如：希腊三大悲剧家的伟大作品诞生的时代，恰逢希腊人战胜波斯人、各大城邦纷纷独立并在文明世界取得领袖地位的时代。等到民气消沉与外族入侵，悲剧也就消失了。荷兰的绘画之所以能在十七世纪勃兴，是因为荷兰人摆脱了西班牙的统治并能与英国势均力敌地作战，由此成为当时欧洲最富庶、最自由、最繁荣和最发达的国家。等到十八世纪荷兰国运开始衰落的时候，绘画也开始走下坡路。丹纳所说的时代因素尽管较多局限于道德宗教、政治法律、风俗人情等上层建筑，忽略了与人类生活密切关联的经济生活，由此使得分析存在偏颇，但他的理论对于我们探讨审美趣味的时代共同性却有很大启发。

倘若为丹纳的理论寻找一个中国式的注脚，我们可以以山水画为例，探讨它们随时代的演变而发生的变化。如众所知，中国山水画孕育萌芽于晋宋时期，经过隋唐五代而发展成熟，至两宋走向巅峰。从隋代开国至南宋覆亡的近七百年时光里，山水画的发展经过以下几个关键时期：②

（1）隋代：承前启后的山水画。

隋代绘画在继承六朝绘画的基础上，开启了唐代绘画大发展的先河，可以算得上是承先启后。作为人物活动背景的山水，由于重视比例的得当，一改此前"人大于山，水不容泛"的弊病，而较好地表现了"远近山川、咫尺千里"的空间效果，开始具有了独幅山水画的价值。山水画的技法尽管没有完全摆脱魏晋以来的装饰手法，但写实能力存在明显进步，具有"细密精致而臻丽"的特点。

隋代流传下来的山水画，目前仅有展子虔《游春图》（图 2-6）可以作为代表。这幅画用笔细劲，设色浓丽，并在局部用泥金勾勒，加上浓重的青绿色，给人金碧辉煌的感觉。在山水树石的处理上，摒弃了"伸臂布指"的抽象形态，转而采用了写实风格。人马虽然细小如豆，但是画法工细，一丝不苟，神态宛然。此图在表象上与六朝山水相比，已经发生了质的变化，但古法盎然，反映了早期山水画初成阶段的风貌。此种画法开启了唐代以李思训、李昭道父子为代表的青绿山水一派的先声，说它是唐代山水画的祖师，也不算夸张。

（2）唐代：创立青绿山水画。

山水画发展到盛唐时期，李思训、李昭道父子所创作的金碧山水，画法工

---

① 丹纳：《艺术哲学》，傅雷译，商务印书馆，2018 年，第 14 页。
② 本节关于中国山水画的论说，主要参考中国文物学会专家委员会：《经典中国艺术史》（卷二），黄山书社，2009 年，第 524—557、665—679 页。

图 2-6 展子虔《游春图》

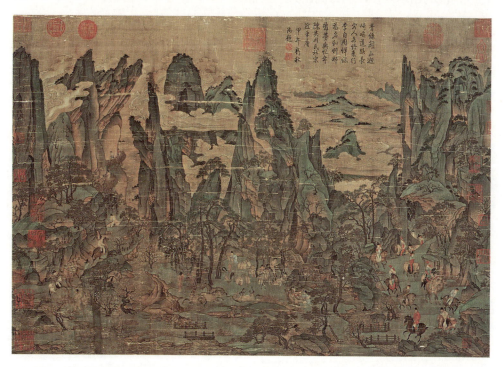

图 2-7 李昭道《明皇幸蜀图》

细，采用勾勒描金的创作技法，山势雄劲，布局细密，并带有装饰趣味。李昭道所画的《明皇幸蜀图》（图 2-7），表现的是唐玄宗李隆基为了躲避"安史之乱"而出行入蜀的故事。只见在崇山峻岭之间，一队人马在山间穿行，唐玄宗李隆基身着红衣、骑着三花马，正准备过桥，身后是随行的王公大臣，以及嫔妃侍卫，共十几人。图中高山耸立，白云萦绕，很好地表现出蜀中所特有的地理环境特征。所画山石纯用勾勒敷色而无皴法，设色用青绿，与史籍所载"二李"父子画法相吻合。

与此同时，以水墨方式表现的具有粗放疏简体风貌的破墨山水也脱颖而出，从而为后世山水画体系的构成与完善奠定了基础。这种山水画表现风格的代表人物是诗人王维，可惜至今已经没有画迹传世。

（3）五代十国：山水画独立成科。

山水画至五代已基本形成了独立的画科，表现技法越来越成熟，水墨山水画法逐渐取代了青绿设色法，出现了以荆浩、关仝为代表的表现北方高山大水的北方山水画派系，和以董源、巨然为代表的表现南方秀丽山水的南方山水画派系。这两大山水画派的出现，标志着中国古代山水画的成熟，对中国绘画史具有重要的意义。

荆浩的山水画多以北方高山大水为描摹对象，作全景式构图，并"善作云中山顶，四面峻厚"，得雄峻之势，皴笔晕染，得笔墨之雅趣。传世作品《匡庐图》（图2-8）画的是庐山景色，以全景构图，画面中山势挺拔，主峰高耸，其他诸峰渐次平缓，山间小路蜿蜒，草桥林木、屋宇楼台掩映其间。结构严密，高远、平远、深远相结合，既具雄阔伟岸之势，又不乏细部精彩描绘。笔墨丰富而富于变化，皴染兼备，表现出山水的雄伟气势。

关仝的山水画多描绘黄河中游一带的巍峰林麓，高山大水得其峻拔之势。他喜欢画秋山寒林，表现幽人逸士、山驿渔市之类的景象。《关山行旅图》（图2-9）是他的代表作，画面上峰峦叠嶂、气势雄伟，深谷云林处隐藏古寺，近处则有板桥茅屋，来往旅客商贾如云，再加鸡犬升鸣，好一幅融融生活图。此画布景兼"高远"与"平远"二法，树木有枝无干，用笔简劲老辣，有粗细断续之分，笔到意到心到，情景交融。此外，画家在落墨时渍染生动，墨韵跌宕起伏，足见关仝山水画道之精深。

与荆、关活动时间大致相同的董源与巨然，他们所开创的南方山水画派系，被后世誉为"南宗"画的正统。董源画作最显著的特点是平淡天真，《潇湘图》（图2-10）画的是江南景色。画中山峦连绵，云雾暗晦，山水树石都笼罩于空灵朦胧之中，显得平淡而幽深，苍茫而深厚。岸边船上有几组人物，远处坡下有张网的渔人和船只。此画以花青运以水墨，清淡湿润，山石用笔点染，而山坡底部用披麻皴，显得浑厚滋润，江南山水的草木繁盛、郁郁葱葱都得到了很好的表现。

巨然的山水画均取材于江南山水，而且非常擅长表现江南山水连绵不绝的样子；所作《万壑松风图》（图2-11），画的是万山丛中，一道溪流在山麓之间奔流

图 2-8　荆浩《匡庐图》

图 2-9 关仝《关山行旅图》

图 2-10　董源《潇湘图》

而下，山顶上长松林立，松风簌簌似与水声相应答。稍近处一座水阁坐落于溪流之上，两人悠闲对坐于阁中。溪流较窄处，架了木桥，一人正临溪沉思。远处山坳又见梵宫佛宇，十分壮丽。山顶多作石块，以破笔焦墨点苔。墨笔浑厚，气势雄伟。

（4）宋代：师法自然的山水画。

宋代山水画已经从人物画的衬景地位走向独立的画科，它的表现形式也逐渐丰富起来。两宋时期宗法荆浩北派山水画的画家人数更多，势力更强，尤以李成、范宽最为著名。

李成擅于表现四时山水变化之情态，其中最具特色的当属"寒林"形象的创造。其所作《读碑窠石图》，画的是荒野旅途之间，一个人在半路上正仰头欣赏碑文，构景幽凄，气象萧瑟，窠石枯木更增寒寂冥幽之感。图中树石画法精致，皴染有度，疏密停匀。巨大的石碑立于画中，更增加了时事变迁的沧桑历史感。范宽的画作"峰峦浑厚，势壮雄强"，千岩万壑，生于笔端；代表作品有《溪山行旅图》（图 2-12），画中高山壁立，山势峻拔，巨大的山体占据了画面几乎三分之二的位置，无疑在视觉上给人以雄伟壮丽的感觉。画面下半部分描绘相对细腻，笔墨浓重。商旅一行缓出于画面右下，人物细小，更映衬出山体的高大与壮伟。

南宋山水画基本以李唐、刘松年、马远、夏圭四位画家的风格为主流，此四人被后世称为"南宋四家"。李唐的山水画师法荆、关一脉，气势雄浑，苍劲挺

图 2-11　巨然《万壑松风图》

图 2-12 范宽
《溪山行旅图》

拔，尤以表现北方山水最为适宜。《万壑松风图》是李唐山水画中最具代表性的作品，尺幅巨大，描绘山峰林立的幽谷，谷中松树林立，两挂飞瀑直泻而下，汇而成溪，在画面左下角形成浅渚，山腰间白云喷薄而出，似有涌动之感，这一切显然是取材于大自然的真实景物。

刘松年的代表作品《四景山水图》，取材于杭州两湖园林别墅，分别表现春、夏、秋、冬四季景物。春景生机盎然，夏景草木葱茏，秋景烟波浩渺，冬景白雪映照，各个季节均以其最具有代表性的景物加以表现，人物活动点缀其间，与景物有机地结合在一起。从画面置景构图，近景、中景、远景的运用，树石的画法和小斧劈皴的运用等各个方面来看，都显现出李唐的影响，但也更突出地表现出凝重、精密的特色。

活动于光宗、宁宗时期的马远，作画构图打破以往全景式、繁复平整的传统构图法则，采用边角式构图，使得近景、远景层次分明，被称为"马一角"。在独特的构图基础上，利用笔墨技巧和墨色变化，使画面虚实相生，幽远深邃，给人以"无画处皆成妙境"的艺术享受，画风明显区别于北宋山水画。其所作《踏歌图》（图 2-13）表现南方农村风俗，特别是村人在丰收后的喜悦心情，山路上几位老者相呼踏着节拍欢歌而行。画面上部山峰挺峭，巨石崔嵬，山间云气缭绕，映衬出梵宇古刹。图中山石用大斧劈皴技法，表现出山石坚硬挺峭的质感，树木则是马远擅长的拖枝形象。夏圭的山水画在构图上深受马远影响，多用边角之势构景，善于巧妙地利用画面上的空白，表现深邃辽阔的画境，被时人推崇为"夏半边"。其画风较马远更为粗放，笔简意足，令人回味。《烟岫林居图》（图 2-14）为反映其山水画典型风格的代表作。绘远山烟雾，平坡疏林，为纨扇形制，构图为典型的半边之景，画法苍秀，远山略染，从而使幅面很小的画面具有开阔幽远的效果。

值得一提的是，活跃于北宋末至南宋初期的著名文人画家米芾、米友仁父子，他们继承了董巨传统，又师法造化，创造出迷蒙空溟、烟云幻灭的"米氏云山"画法。此种画法不仅丰富了山水画的表现技法，而且为后世山水画家的创作提供了更大的发展空间，是文人画大发展的重要标志。

总而言之，由隋至宋的七百年里，每代山水画家均以其独特的艺术创造彰显着那个时代在山水画审美趣味上的最高追求。在单个时代内部，它表现为共同性；而在不同时代之间，它又显示为差异性。毋庸置疑的是，任何时代的审美趣味对于前一时代来说，都是既有沿袭又有突破的。

2. 民族共同性

什么是民族？斯大林曾经指出民族的四要素：生存在共同地域、使用共同语言、有共同的经济生活和文化心理。正如我们此前曾经讨论过的话题，美与不美

宿雨清畿甸
朝陽麗帝城
豊年人樂業
壟上踏歌行

图 2-13　马远《踏歌图》

图 2-14　夏圭《烟岫林居图》

图 2-15　约鲁巴人的雕刻品

的判断，常常是一个带有很强地域色彩和民族色彩的字眼。换言之，每个民族的审美判断标准，多半受制于他们所处的文化情境。

譬如安德森在他的《小型社会中的艺术》中所提到的例子。大约有 1 000 万约鲁巴人住在西非，人类学家汤普森曾带着他所收藏的各式各样的约鲁巴雕刻品（图 2-15）走访这些村落，并请当地土著对这些作品做出评价。共有 88 位约鲁巴原住民"艺术评论家"表达了他们的看法，他们为作品排定次序，并且告诉汤普森是什么决定了他们更偏爱某些作品。

汤普森从大量调查资料中梳理出

十二条带有普遍性的审美原则，这是约鲁巴人通常赖以判定雕刻品优劣的依据，其中一些和西方人的审美标准非常相似。比如，一件按约鲁巴审美标准衡量是"美"的小雕像，必须具有"明晰性"，即作品的主体部分能清晰可见，而所有的装饰部分（包括切割的刀技）也显而易见。

但是约鲁巴人其他的审美标准则让西方人感到陌生。汤普森指出，也许约鲁巴人判定"美"的最重要的准则就是"青春期"，也就是对人体"全盛之年"的描绘。有足够证据表明，约鲁巴"评判家"对"青春期"的判断相当敏锐。一尊女性雕像被否决，是因为它有"松弛的乳房，右乳房比左乳房更下垂。这对于约鲁巴的母亲来说，是一件再正常不过的事，因为在哺乳时，孩子的吮吸总有个人偏向……而最优美雅致的那尊（女性塑像）则拥有匀称的乳房，这是年轻女性的形象"。

从"青春期"这条原则中就可看出，约鲁巴人艺术评判的标准既不是独断独行的，也不是由单纯的视觉或"形式因素"所决定的。相反，约鲁巴人的艺术风格反映了他们基本的文化价值取向。对约鲁巴人来说，"美"是"有益"的具体显现。而"有益"则包含两方面的考虑：一为"道德"，二为"伦理"。一方面，如果人们能谨遵过去的传统而生活，他们具有"冷静"的品质并能与人和平相处，则这些人被认为是优秀的。但另一方面，"活力"也不可缺少。这既体现为他们在家族和社区中突出的生产能力，也体现为他们潜在的生养下一代优秀约鲁巴人的能力。当然，"和谐"与"活力"本身就可能是一对互为矛盾的目标，一方过度的发展可能抑制另一方。所以，一尊约鲁巴的雕像，他（她）双脚对称地牢牢扎根于大地，而比例匀称的腿则在膝盖处弯曲，仿佛跃向天穹。这不仅体现了约鲁巴传统的风格，也为观者传递了复杂的伦理道德信息：既要"冷静处事"，又要"活力四射"，这是一个人必须同时尽力而为的。这则例证表明：审美判断的标准在不同的族群情境中，有时竟会呈现出截然不同的样态。

3. 阶级共同性

同一民族内部，有着不同的阶级、阶层。不同阶级以经济利益为基础，形成自成一体的政治、思想、伦理、道德观念，同时影响和制约着本阶级成员的审美理想和审美趣味。纵观古今中外人类的审美意识史，可以找到不计其数的例子。在此，我们觉得很有必要提及法国学者皮埃尔·布尔迪厄所著《区分》一书。

在这本书中，作者采用了大量的表格、图片以及访谈原文，由此证明：个人的文化爱好、品位、鉴赏力或情趣，既是人的一种心态、情感和禀性，同时又是一种文化实践方式，是现代人的一种行为风格和带有活动性的气质。然而，趣味绝不是某种基于个人才能基础之上的独特内心感受和实践，而是根源于与阶级教养和教育相关的社会地位——"任何文化实践的参与都带着阶级属性的色彩"。

就拿摄影这一爱好来说,布尔迪厄通过调查发现,这种爱好在不同人群那里可以有不同的运用和再现。对农民来说,他们认为摄影是城市的文化活动,摄影被当作一种奢侈品。因此,农民们宁愿投资生产工具,也不愿在这些休闲活动上花费金钱。对工人阶级而言,他们支持摄影,但是并不重视照片的美感,只关注摄影的功能,比如社交联谊。因此,他们的照片内容多是家庭聚会(结婚或者受洗)等场合。小资产阶级反对摄影的交际联谊功能,仅把它视为一种艺术,而不是留念——摄影对他们而言类似于绘画,他们完全走出摄影的社团维系功能,拍摄一些在工人阶级看来"不值得"拍摄的东西(比如树皮或者绳索)作为主题。上层阶级则把摄影看作次级的艺术,他们认为,有教养的文化是去博物馆和歌剧院,而不是摄影。

正是通过对摄影爱好这一文化活动的研究,布尔迪厄提出了一种不同于康德"纯粹美学"的趣味判断。在康德看来,趣味判断力源自人类先验的综合判断。但在《区分》一书中,布尔迪厄认为趣味判断力是后天决定的,是社会区隔的标志;社会等级是社会历史建构的,对趣味判断力具有规范和等级形塑作用。通过将审美判断力拉下神坛,布尔迪厄打破了正统文化的雅俗界限之分,对轶闻、趣事、尘封的档案作社会学微观阅读和考察,对于审美判断力的起源和运作这一宏大哲学问题,给出一个社会学答案。毋庸置疑,布尔迪厄的理论对于我们理解和阐释当代人审美趣味的阶层差异具有很大的参考价值。[①]

【思考与练习】

1. 审美活动有哪些特征?

2. 简述审美感受的特征。

3. 举例分析审美趣味的社会共同性。

【延伸阅读书目】

1. 童庆炳、程正民:《文艺心理学教程》,高等教育出版社,2001 年

2. 叶舒宪:《神话——原型批评》,陕西师范大学出版社,1987 年

3. 鲁道夫·阿恩海姆:《走向艺术心理学》,丁宁等译,黄河文艺出版社,1990 年

4. 中国文物学会专家委员会:《经典中国艺术史》,黄山书社,2009 年

[①] 李楠:《〈区分〉:对布尔迪厄的一份迟到邀请》,《新京报》,2016 年 1 月 23 日 B14 版。

第二章

美育之实：美感心理的和谐活动

一、美感的心理过程

二、美感的心理要素

朱光潜先生在分析文艺与道德的关系时候曾经指出：一个人并不能终身都生活在直觉或美感经验中，在美感发生之前，他还要做学问、过生活，思考道德、宗教、政治，以及文艺的种种问题，为审美直觉的产生做预备。"这些活动都不是形象的直觉，但在无形中指定他的直觉所走的方向"。①这段论说非常形象地告诉我们：审美感受不单单是一种当下即得的精神愉悦，它其实是一个长过程，既有事前的长期准备，也有事后的久久回味。有时候就算它只是转瞬即逝的刹那感受，其伏源却甚为深广，个体的心理能力、人生经验、知识储备，外界的审美风尚与文化情境等，都会在其中发挥着或显或隐的影响。由此，我们似乎应该对于审美感受的全过程，作一番全景式的探究。而这种探究，主要是对于美感心理过程和心理要素的分析。

一、美感的心理过程

（一）美感的心理准备——自觉审美态度的确立

1. 自觉审美态度的特征

美感的获得，要以美的事物的客观存在为前提。但美的事物要与主体结合而成为审美对象，主体还得进入特定的心理状态，把自己的全部审美能力投向对象。这种心理状态，就是自觉的审美态度。它有以下特征：

（1）日常态度的暂时中断。

日常态度指的是日常的认知和实用态度，它是功利性的。用这种态度看待事物，出发点是人的日常实用需要。这时，人一见到某事物的外观，就立即想到它是什么、有什么用、是否正合乎需要？甚至立即付诸行动，在实用活动中来处置这一对象。审美态度则要求暂时割断种种实用功利主义对主体的羁绊，而着眼于对象的结构与形式的直观，所以它是非功利的。

（2）凝神专注的审美注意。

审美态度同时也是一种持续的、兴味盎然的审美注意，是对审美对象的一种凝神观照。这就是庄子所说的"用志不分，乃凝于神"。由于心无杂念而又注意

---

① 朱光潜：《朱光潜全集》（第一卷），安徽教育出版社，1987年，第320页。

力集中，主体就可能从形式方面充分感知对象，产生强烈的"第一印象"，同时也可更为顺利地诱发联想和想象，使主体的整个审美心理活跃起来，如把天上流云看成是白衣苍狗。

审美注意是不可轻易转移的，更不允许来自主观和客观的干扰，否则欣赏兴致一遭破坏，便会顿生幻灭之感，欣赏也就难以继续下去。如看云时突然想到天要下雨，得赶紧收衣服，这时欣赏就中断了。

2. 审美态度学说

关于审美态度，中西方有两大著名理论。一是布洛的"距离"说，一是道家的"虚静"说。

（1）审美态度的"距离"说。

瑞士心理学家布洛（1880—1934）曾以"距离"说来强调审美态度与日常态度的区别。所谓"距离"说，就是主张审美时主客体之间要保持一种无功利、非实用的"心理距离"（既非时间距离，也非空间距离）。他曾举了一个著名的海上遇雾的例子来说明这种心理距离的含义。同样是在海上遇到大雾，你既可把它看成出行的障碍，由此非常讨厌它；也可以把它摆在实用世界之外，静静地欣赏它所造就的如梦如幻的美景。这两种经验的不同，完全取决于观点的不同，也即"距离"的远近。

从上述例子可以看出：作为一种审美原则，心理距离包含了积极和消极两个方面。就消极方面而言，它抛弃了对象与主体实际需求之间的联系，从而使审美价值与实用价值、科学价值以及伦理价值区别开来。就积极方面而言，心理距离注重的是对事物形象的观赏。因此，对于事物来说，心理距离意味着"孤立"，即把事物的形象与其他方面分离开来；而对审美主体来说，它则意味着"超脱"，即超越对于事物的实用的、认识的、道德的考虑。

布洛的"距离"说强调日常态度与审美态度的区别，有其合理之处。但是布洛又认为，这个"距离"纯粹是主观设定的，完全取决于主体对世界所抱的超功利的态度。然而，审美中主客体之间的"距离"，并非完全取决于主观，它还决定于主体与对象的客观联系，它是在历史上形成的人与客观世界的审美关系的具体表现，在个人非功利的观赏态度背后，仍然隐藏着历史性的人类主体与客观世界的关系，因此是超功利而暗含功利的。譬如：原始社会人与自然尖锐对立，先民无法欣赏自然界中奇特、反常的事物；现代社会中的人之所以能欣赏，是因为人类征服自然能力的提高，使得自然界不再是异己的、可怕的对象，不再时时刻刻对人类生存构成威胁。

（2）审美态度的"虚静"说。

在中国，古典美学家受道家哲学影响，常标举"虚静"二字，描述进入审美状态时的心理。《老子·十六章》云："致虚极，守静笃，万物并作，吾以观复。"老子所说虽然是体道的心境，但在强调虚、静方面却对后世审美心胸理论影响极大。经过庄子的接引，魏晋南北朝时，宗炳、陆机、刘勰等人把老子的理论引入文学艺术领域。刘勰在《文心雕龙·神思》中说："是以陶钧文思，贵在虚静；疏瀹五藏，澡雪精神。" [1] 在刘勰看来，虚静的心胸不仅对实现审美观照是必要的，而且对进行文学构思也是必要的。魏晋南北朝之后，讲虚静的人更多。

无论是"距离"说还是"虚静"说，都一致肯定，从日常态度转入审美态度，实为进入美感的不可或缺的心理准备。但需要指出的是：从日常态度向审美态度的转变，是主体审美欲望与审美兴趣内在推动的结果。它们作为人的一种无意识的然而又是强烈的价值追求，深藏于人的内心，只要有合适的审美对象的引发，就会时时促使人们排除日常实用态度的干扰，而将全部注意力投向对象。所以，审美态度又是一种积极主动地追求对象的自觉态度。在艺术欣赏过程中，审美主体倘若不能很好地完成这种由实用态度向审美态度的转变，极容易闹出笑话。

1820年，《奥赛罗》在纽约演出，恶人（雅戈）用手帕计陷害奥赛罗，座中一军官一怒之下枪杀了演员，省悟后自杀。纽约人把他们葬在一起，墓碑上写着"最伟大的演员和最伟大的观众"，其实是最伟大的演员和丧失了审美态度的观众。据说《亨利四世》当年在英国上演时，剧中亨利四世逃亡之中遇到一片沼泽地，大喊需要一匹马："一匹马，愿用我的王位来换一匹马！"一人牵马经过剧场，忙上前与之交换王位。在中国，看戏时手刃曹操、枪击黄世仁的故事也是大家耳熟能详的事情。之所以有这些笑话，还是因为观众不能保持一种心理距离。

而在艺术创作中，作家也有意地采取一些手段来拉开艺术与现实人生的距离，从而唤起欣赏者的审美态度。各种艺术门类中，戏剧用极具体的方法把人情世故表现在眼前，与现实人生的距离最近，所以也最容易使人离开美感世界而回到实用世界。因此，戏剧家想出许多方法来把"距离"推远。古希腊和中国古典戏曲中的角色往往戴着面具或穿高跟鞋，表演时用歌唱的声调。一般戏台都和观众隔开。这些都是推远"距离"的方法。此外，像雕刻的体积往往比实物大一些或长一些，常安置在台座上面，绘画用画框，对所表现的对象不求形体的逼真而求神骨的妙肖，诗歌要讲究音韵格律，等等，这些都是为了保持艺术和现实人生的"距离"。所以，艺术总有几分形式化、几分不自然。从这个意义上说，"妙肖

---

[1] 陶钧，制陶器所用转轮，此处指酝酿文思；瀹，疏通；澡雪，洗涤。

自然"并不是衡量艺术的最高标准! 何况, 艺术无论如何妙肖自然, 终不敌真正的自然。[①]

(二) 美感的实现阶段——物我的交流和同一

1. 形式感知

在审美活动中, 主客体猝然相遇, 客体总能以它的外观形式打动主体, 给"我"留下强烈的"第一印象"。如果主体面临的是优美的对象, 那么它所拥有的形式美诸因素及其有机组合, 首先会使主体的视听感官得到生理上的愉悦, 使"第一印象"弥漫着和谐、柔丽的色彩; 如果主体面临的是崇高的对象, 那么它数量上或力量上的"大", 都会使主体感官似乎受到猛烈的撞击或威压, 产生突兀、惊讶, 以致触目惊心的感觉。

不论属于何种情况, 形式感知都是审美活动的真正起点, 它决定着主体在此后的审美活动中的心理状态。在这一阶段, 主体获得的是"悦耳悦目"的美感。

2. 物我交感

在形式感知的基础上, 对象的感性形式常能引起主体的兴发感动; 主体又将知觉引起的感兴投射于对象。例如, 当我看古松看到聚精会神时, 一方面可以把心中高风亮节的气概移注到松, 于是松俨然变成一个人; 另一方面, 我也被松的苍老劲拔的情趣所吸引, 不禁抬头挺胸, 似乎自己也变成一棵古松。这种主客体之间往复交流的过程, 中国古典美学称之为"情往似赠, 兴来如答"(《文心雕龙·物色》)。李白的"相看两不厌, 只有敬亭山"(《独坐敬亭山》)、辛弃疾的"我见青山多妩媚, 料青山、见我应如是"(《贺新郎·甚矣吾衰矣》)即属此列。这是"悦心悦意"的美感。对于这种审美交感现象的解释, 中西方有一定差异。

西方主要持移情说。所谓"移情", 简单地说, 就是人在观察外界事物时, 设身处地, 把原来没有生命的东西看成有生命的东西, 仿佛它也有感觉、思想、感情、意志和活动, 同时, 人自己也受到对事物的这种错觉的影响, 和事物产生共鸣。从心理学出发, 对移情说作了全面、系统的阐述的是德国心理学家、美学家立普斯。

按照立普斯在《空间美学》中所作的分析, 审美的移情作用其实只是一种单向投射, 它是"物本无情, 我自移注", 主体按照以己度物的方式将自身情趣移注到对象身上, 对对象作"人格化的解释"。这样一来, 审美的对象表面上看是事物的"空间意象", 其实是主体的情趣、人格。

这一解释与中国古典美学大不相同。《周易》提出"一阴一阳之谓道", 阴阳

---

① 朱光潜:《文艺心理学》, 复旦大学出版社 2005 年, 第 25—26 页。

二气化生万物，万物皆禀天地之气以生，一切物体可以说是一种"气积"（庄子：天，积气也）。这生生不已的阴阳二气织成一种有节奏的生命。以这一宇宙观为基础，审美中物与我的关系便不是人与"死物"的关系，而是人有生命、物亦有生命，是人的生命与物的生命往复交流、同频共振的过程。和西方"移情"说所主张的单向投射不同，中国对物我交感的解释是"物本有情，物我共鸣"，主体与对象交相感受，从而产生美感。

3. 物我同一（物我两忘）

物我交感的结果便是"物我两忘""我没入大自然，大自然没入我"的审美境界。《庄子·齐物论》所记的庄周梦蝶的故事，最早提出"物化"一语，就是指这种物我界限消融、我与万物融化为一的心理境界。

庄子所说之"物化"，在审美中也屡见不鲜。看戏看到兴会淋漓时，常同情于某一个人物，便把自己当作那个人物——他成功时陪他欢喜，他失败时陪他懊丧。比如看《哈姆雷特》，男子可能会把自己看成哈姆雷特，女子可能会把自己看成王后。这便是"物我两忘"的典型例证，主体获得的是"悦志悦神"的美感。

对于"物我同一"的现象，西方心理学家也做过研究。20世纪中叶，美国心理学家马斯洛提出"高峰体验"。马斯洛认为，人有各种层次的需要：生理需要、安全需要、归属和爱的需要、自尊的需要和自我实现的需要。前四种需要是"缺乏性的"需要，因为缺少了这些需要，就会引起疾病，有了它们就会免于疾病。而自我实现的需要是超越性的需要，它是人为了完善自身、充分实现自己的各种潜力的需要。具体地说，它也就是对于认识和理解事物以探求真理的需要，对于正义、公正的需要，对于创造美和欣赏美的需要。自我实现的最高点就是高峰体验的产生。高峰体验是这样一个时刻，即人处在最佳状态的时刻，这时他感到强烈的幸福、狂喜、完美和欣慰。在高峰体验中，人暂时把畏惧、焦虑、压抑、防御、控制等情绪完全抛在脑后，感到了一种高度的满足和勃勃的生机。

马斯洛认为，高峰体验存在于众多领域，艺术创造和欣赏活动，都可以产生高峰体验。审美活动中的高峰体验有以下特征：第一，主客体完全融为一体。第二，是无私的（即无直接功利性）。第三，是超越时空的。如艺术家在创作狂热时，常常忘却了周围的事物和时间的流逝，等他"醒"来时竟不知身在何处。第四，能把握审美对象的独特的、具体的本性，同时，在审美的高峰体验中，对于对象的体验仿佛就是当时存在着的一切，世界中一个很小的部分被感知为似乎它就是整个世界。[①]第五，是对审美主体的本质和价值的肯定，并使他更加奋发向上（高峰体验能使人精神焕发，最好地发挥人的全部智能，达到一种尽

---

① ［英］布莱克诗："一花一世界，一沙一天国。君掌盛无边，刹那含永劫"。

善尽美的境界）。

马斯洛对于审美活动中高峰体验的论述十分深刻地揭示了审美活动的具体形象性、超功利性、超时空性、主客体交融性，以及对于自我价值的肯定性等特征，具有十分重要的启发作用。然而，马斯洛离开了广阔的社会实践来谈人的自我实现和审美活动，未免有些片面。

（三）美感的效应阶段——审美再造的愉悦

审美感受的最终结果是获得审美的愉悦，这种愉悦有其自身特质：首先，审美愉悦感标志着对审美对象的判断和评价。其次，审美愉悦感是多种心理功能和谐活动的结果。审美愉悦不单来自情感，它与感知、想象、理解等心理功能也有联系。再次，审美的愉悦中包含着再创造的喜悦。

需要说明的是：审美心理过程并不一定与创作心理过程相对应，欣赏者获得的美感不一定是重演作者的感受和体验。因为在作者，有一个传达问题，辞不称意、意不称物也是常见现象；在欣赏者，又有一个再创造的问题。这两个问题的存在，决定了二者之间不能简单互逆。正所谓"作者用一致之思，读者各以其情而自得"（王夫之《姜斋诗话》），"作者之用心未必然，而读者之用心何必不然"（谭献《复堂词话》）。聪明的作者，懂得怎样给欣赏者留下足够的心理空间，留下创造的广大余地；聪明的欣赏者，也不会一味揣摩作者之用意，而是让自己的感受和体验相对自由地向前发展，他完全可以从欣赏对象中发现作者不曾发现的东西，对作品做出作者始料未及的心理诠释。如李商隐的无题诗，究竟是写爱情还是写政治（以男女爱情喻君臣遇合）？或者是诗人对自己诗作的总评价（钱锺书语）？读者的阐释历来多种多样，不可强求一致，因为需要尊重读者的再创造。再比如，明代汤显祖曾经写过一首诗："欲识金银气，多从黄白游。一生痴绝处，无梦到徽州。"此诗在流传过程中，多数人认为"黄白"既指黄山、白岳（齐云山），由此指代徽州，同时也暗指金钱（黄金白银）。汤显祖认为徽商充斥着铜臭气息，因此他连做梦都不会梦到徽州那个地方（无梦到徽州）。但在近年徽州各地的通俗读物和旅游宣传资料中，却认为汤显祖其实是在褒扬徽州的大好山水，但因自己没机会亲自去游历，所以只能"无梦到徽州"（无不梦到徽州）。而后一种解读，因为与全诗语境不合，多少存在着曲解和误读的嫌疑。

当然，对一个具体的美感过程来说，上述三个层次并非截然分开而是相互渗透、相互交织、综合在同一心理活动之中的。三个层次各自在美感过程中发挥作用，孰轻孰重、孰强孰弱，要视审美对象的不同特点（如造型艺术重感知，诗歌重体验，优美重感知，崇高重想象等）、主体的不同审美能力而定。主体在审美的具体情境中会自行调节和控制。

总之，审美感受过程是一个既受动、亦主动，既欣赏、亦创造的过程。

二、美感的心理要素

如前所述，审美的愉悦感是多种心理功能和谐活动的结果。在当下即得的瞬时反应中，常常包含了感知、表象、记忆、想象、情感、理解等多种心理功能。这些心理功能在美感中互相诱发、互相推动、互相渗透，处于活跃的运动状态。所以，美感作为经验，人人都能体会，但要分析其心理功能，却相当复杂。

在众多的心理要素中，我们主要就感知、想象、情感和理解等几种主要心理要素作简要分析：

（一）感知

感知是感觉和知觉的合称。主体必须首先通过感觉和知觉才能同周围世界发生联系，这是整个人类认识过程的共同特点。感觉和知觉，不论对于理论认识还是对于审美心理，都是进行高一级心理活动的基础。如果说，没有生动的直观，就没有抽象的思维，也就没有整个人类的理论认识；那么，也可以说，没有生动的直观，就不可能有审美的想象、情感和理解的和谐活动，也就无法实现具体的审美心理功能。毫无疑问，审美感知是美感心理的门户。

1. 感觉在审美中的作用和特点

（1）受动性。

受动性表现在审美对象要适合人的感觉阈限。如视觉，人眼所能感受到的光波波长介于 380～780 纳米之间，在这范围之外的人眼均感受不到。又如听觉，人耳的感受范围是 20～20 000 赫兹，低于这个范围的是次声波，高于这个范围的是超声波，人耳都听不到。

总之，只有当对象处在人的感觉阈限之内时，人才能产生悦耳悦目的美感，进而获得精神愉悦。

（2）感觉的交互作用和同时反衬。

两种相继的感觉会互相削弱或加强，这正如俗话所说，"若要甜，加点盐"。在审美活动中，视觉和听觉常常可相互映衬，从而使人的感觉更加鲜明。譬如《红楼梦》中写香菱学诗，她作了"一片砧敲千里白，半轮鸡唱五更残"两句，就是用了视觉和听觉的映衬。再如柳宗元的《渔翁》：

渔翁夜傍西岩宿，晓汲清湘燃楚竹。

烟消日出不见人，欸乃一声山水绿。

回看天际下中流，岩上无心云相逐。

"欸乃一声"，即渔歌一声，唐时民间渔歌有《欸乃曲》。一说，欸乃，象声词，摇橹声。"欸乃一声山水绿"，见山水之绿全是"欸乃一声"所引起，听觉感受强化了视觉感受。所以苏轼评价它："熟味之，此诗有奇趣，结二语虽不必，亦可"。"奇趣"，尤指"欸乃"句。

人的同一感觉在同一时间则可产生对比。如：事物的长短、高低、明暗、大小、动静等，都可形成反衬，叫作"同时反衬"。这种反衬常能让人产生错觉，德国心理学家缪勒曾详细研究过人的错觉，同样长度的两条线段，如果一条线段两端加上向外的箭头，另一条线段两端加上向内的箭头，那么前一条线段看起来要比后一条长些，此外还有其他各种类似的情形，这就是著名的缪勒-莱尔错觉（Müller-Lyer illusion）。缪勒由此证明：同时反衬对感受心理影响巨大！缪勒所说的情况也同样存在于审美感受中。如王维的"大漠孤烟直，长河落日圆"（《使至塞上》）；孟浩然"野旷天低树，江清月近人"（《宿建德江》）。又如南朝梁代王籍的"蝉噪林愈静，鸟鸣山更幽"（《入若耶溪》），以蝉噪、鸟鸣之"动"来衬托山林的幽静。上句静中有动，下句动中有静。宋代王安石不明此理，改为"茅檐相对坐终日，一鸟不鸣山更幽"（《钟山即事》），远比原诗逊色。王籍诗在宁静中有生命的活动，而王安石的"一鸟不鸣"静则静矣，却是一片死寂，没有生气。所以黄庭坚嘲笑他"真乃点金成铁手也"。[①]

王维和王籍诗的妙处是表现了感觉的"同时反衬"现象，正如钱锺书在《管锥编》中所云："寂静之幽深者，每以得声音衬托而愈觉其深；虚空之辽广者，每以有事物点缀而愈见其广。"中国画中一叶扁舟、几只鸥鹭，其余全为空白，却觉水天空阔、烟波无限。

2. 审美知觉的三大特性

感觉以反映对象的个别属性为特点，只凭感觉，并不能直接把握对象的整体。但各感官的感觉又不是孤立进行的，不但各种感觉之间存在着相互作用和相互对比的关系，而且感觉总是迅速过渡为知觉，即将个别感觉迅速组合为有关对象的完整印象。

在审美活动中，知觉有以下特征：

（1）饱含着情绪色彩。

众所周知，感知的直接产物是表象。在理论认识过程中，侧重于反映对象共

---

① 因为王安石好作翻案文章，并自诩为"点铁成金"。

同感性特征的一般表象占优势；在审美心理过程中，则是侧重反映对象个别感性特征的具体表象占优势。这种具体表象，由于不断渗入主体的情感和思想因素，成为既保留事物鲜明的具体感性面貌，又含有理解因素，浸染着情绪色彩的具有审美性质的新表象，即审美意象。如王昌龄《送张四》：

枫林已愁暮，楚水复堪悲。
别后冷山月，清猿无断时。

诗中抒发了诗人浓浓的送别之情。暮别之时，诗人见枫林而生愁，听楚水而添悲；别后睹山月而心冷，闻愁猿而断肠。清猿长啼，愁不可解。写景凄凉，结语词尽而意不尽。明代唐汝询说："水流林暝，别时之景难堪；月冷猿愁，别后之情更惨。"（《唐诗解》）颇能体味诗意。在诗人笔下，枫林、楚水、山月、清猿，已非原物，均浸染着离愁别绪，成为审美意象。其他如八大山人所画《孤禽图》

图3-1　八大山人《孤禽图》

（图3-1），整幅画仅在中下方画一只水鸟，鸟的眼睛一圈一点，眼珠顶着眼圈，一副白眼向天的神情。鸟一只脚站在地上，另一只脚提起来，缩着脖子，拱着背，翻着白眼，一副受到欺负却又不屈服、傲兀不群的样子。

正因为审美知觉中带有浓郁的感情色彩，所以知觉的审美对象可以随情感不同而不同，高兴时花欢鸟笑，愁苦时感到一切都悲哀凄凉。审美知觉的产物是生动、活泼的表象，它触发人的想象和理解，并使审美心理得以进一步展开，感知到美和精神愉悦。

（2）主观选择性。

作用于感官的客观事物是纷繁的、各式各样的，面对这许多感性事物，人不能同时接受，而必须根据自己的兴趣和爱好，有选择地接受少数事物，这样知觉才会鲜明和清晰，才会体现出自己的兴趣和爱好。这种选择性在审美欣赏中是非常突出的。如我们在露天剧场看演出，尽管环境非常杂乱，我们却能专心观看舞台上的表演，而不去听环境的吵闹声，不去看过往的行人和车辆。这样专心于舞台上的形象而不管环境的吵闹，就是审美知觉的选择性。再如，两人同时欣赏一幅山水画，由于选择不同，一个特别注意构图技巧和意境，另一个则特别注意用笔用墨、线条和皴法。虽然两人都知觉山水画的完整形象的美，但注意点不同，所得到的美感也各异。正因为人的审美知觉有选择性，所以绘画要有画框，演戏要有舞台，这样使艺术家的选择性与欣赏者的选择性尽量统一起来，最大限度地产生共鸣。

（3）虚拟性。

审美知觉的成果是审美的现实、假想的现实、虚拟的现实。把流云视为白衣苍狗，见断垣残壁而想到奔马、猛兽，这都是一种虚拟。平常视为幻觉、错觉的想象，在审美中却承认其合理。这种虚拟，与人的想象、联想有非常紧密的关系。

关于审美感知，可引申出两点结论：

其一，它既是受动的，也是主动的。受动，指它是人接受外界信息的过程，审美对象要适合人的感觉阈限；主动，指它能将杂乱的刺激丛构成画面或形象，如感觉的同时反衬和交互作用、知觉的选择性等。这使得审美感知不同于日常感知。

其二，视听是主要审美感官。这一方面是因为眼、耳所获信息量占人从外界所获信息量的 85% 以上，另一方面也是因为视听所得成果可有超越感觉的情绪观念意义（如审美意象），具有认识功能。此为其他感官所不及。

（二）想象

从心理实质上说，想象是建立在人的记忆基础之上的表象运动，即表象的再现、组合和改造。想象在审美心理中占据着非常重要的地位，如果说，审美感觉是美感的门户，想象则是美感的枢纽与桥梁，是感性与理性的交会点。

在美感经验中，想象可以进一步细分为以下几种心理类别：

1. 简单联想

（1）接近联想。

甲、乙两事物由于在时间上和空间上非常接近，看到甲便联想到乙，或看到乙便想到甲。最浅显的例子是"睹物思人"，或看到瑞雪便想到丰年。

接近联想有时是空间接近而打破时间距离，许多怀古诗词都是这一类，如苏轼的《念奴娇·赤壁怀古》；有时是时间接近而打破空间距离，如张九龄《望月怀远》："海上生明月，天涯共此时。"将这两种接近运用到诗歌中，便可产生

图 3-2　八大山人《鱼》

时空的自由转换。如杜甫的名句"窗含西岭千秋雪，门泊东吴万里船"(《绝句》)，一个"含"字，竟使诗人将眼前的窗棂跟远离诗人的千秋积雪紧扣在一起；一个"泊"字，居然把静态中的门框同远隔万里的客船联成一气。读者随着诗人的联想飞腾，打破了"千秋"岁月和"万里"距离的局限，时间和空间的限制对于联想似乎是毫无作用的。

在艺术创作中，作家运用接近联想可以创造出因虚得实、虚实结合的意境，给欣赏者以一种言有尽而意无穷的美感。如：中国画绘一枝竹影（翠竹）、几叶兰草，即使不画背景环境，而一片空间，宛然在目，风光日影，如绕前后。八大山人画鱼（图 3-2），在一张白纸的中间勾点寥寥数笔，就是一条极生动的鱼，别无其他，然而顿觉满纸江湖烟波无限。戏曲表演中以摇桨代替行船，挥鞭代替走马，望空有月，指地有河，几对兵丁轮番出入便是千军万马，大都是这个道理。

（2）类似联想。

由于甲、乙两物在某一点上有些相类似之处，因此想到物甲时又可联想到类似的物乙。我国古代诗歌中的比、兴表现手法，就属于类似联想。如《诗经》中的"关关雎鸠，在河之洲，窈窕淑女，君子好逑"，这便是用雎鸠鸟的和鸣来比喻窈窕淑女与君子的融洽（相传雎鸠鸟爱情专一）。唐代岑参的《白雪歌送武判官归京》中"忽如一夜春风来，千树万树梨花开"，就是由白雪皑皑、银装素裹的景象，联想到漫山遍野梨花盛开的场景。

需要指出的是，类似联想中联想的对象与现实的对象既有相似的一面，又有明显的差异。钱锺书《读〈拉奥孔〉》说："两者不合，不能相比；两者不分，不须相比。"唐代牛希济有"记得绿罗裙，处处怜芳草"，由所爱之人的绿罗裙而联系绿色的芳草，因色彩的相似而产生联想。秦观的《浣溪沙》"自在飞花轻似梦，无边丝雨细如愁"，句中飞花与梦、丝雨与愁，虽然物类不同，但在轻、细这两种特征上则相似，于是激起联想。

（3）对比联想。

建立在甲、乙两事物性质或状貌对比关系之上的联想，谓之对比联想。如杜甫的"朱门酒肉臭，路有冻死骨"，鲁迅的"梦里依稀慈母泪，城头变幻大王旗"，曹植的《七步诗》，等等；电视连续剧《四世同堂》起始曲，骆玉笙唱京韵大鼓："千里刀光影，仇恨燃九城。月圆之夜人不归，花香之地无和平。一腔无声血，万缕慈母情。为雪国耻身先去，重整河山待后生。"

借助对比联想，人们可以强化对两事物所具有的对立关系的理解和感受。还可以将两种具有对立关系的事物黏合起来，构成乖谬的意象，如"死火"。再如当代诗人非马的《失眠》，当中有这样一句："被午夜/阳光/炙瞎/双眼的/那个人/发誓/要扭断/这地上/每一株/向日葵/的脖/子。"阳光属于白天，这本是自然时序的常识。然而，在诗人的作品中，午夜竟然有阳光，不仅有阳光，而且还相当强烈，竟然把"那个人"的双眼"炙瞎"了！表面上看这悖乎常理，似乎不可思议，然而，诗人正是用这种自相矛盾、荒诞的思维方式和结构，成功地表现了失眠者极度痛苦的强烈感受。失眠者因为睡不着觉，不得不睁大双眼，如同直视着炽烈的阳光一般；由于无法入眠，心中产生怨恨心理，才迁恨于像阳光一般光明灿烂的向日葵身上，而"发誓/要扭断/这地上/每一株/向日葵/的脖/子"，虽是诗人夸饰技巧的运用，但无可否认，诗中将失眠者极度痛苦的感受鲜明地加以呈现，足见诗人笔力之深厚。

（4）感觉联想（通感）。

感觉联想就是通感。所谓通感，是指五官感觉在感受中互相挪移，各感官交互为用，互换该感官的功能领域。这是"本感觉而生联想"的心理现象。借用佛家语，就是"耳中见色，眼里闻声"。佛经里称这种现象为"六根互用"（六根——耳、眼、鼻、舌、身［触］、藏，"藏"为心灵感官、内在感官）。

通感在中国古典诗词中很常见，如贾唯孝《登螺峰四顾亭》"风来花底鸟声香"。宋代宋祁《木兰花·东城渐觉风光好》"绿杨烟外晓寒轻，红杏枝头春意闹"；清代黄仲则《醉花阴·夏夜》"隔竹卷珠帘，几个明星，切切如私语"。这在小说中亦有，如《老残游记》中写王小玉说书。

2. 再造性想象

再造性想象有两种情况，一种是指这些形象不是重新创造出来的，而是根据别人描述或示意再造出来的，它与原有形象有些相似，但又不是原型。如：不认识诸葛亮，通过《三国演义》而有诸葛亮的表象；不认识林黛玉，读了《红楼梦》而有林黛玉的表象。

再造性想象的另一种情况则是指经过自己的大脑对过去感知的材料进行加工，再根据个人的知识、经验和表象再造出来的形象。如：王昌龄虽然未必曾亲历过边塞生活，但他同样能采用乐府诗中有关从军、出塞诗惯用的地名，如"玉门""阴山""青海"等，既吸收了前人这方面的文化历史地理知识，又选取了同时代出塞从戎的有关题材，加上他的才华，写出深情幽怨、言微旨远的边塞诗，如《从军行》《出塞》等，这便得力于他的再造性想象。又如：我们读毛泽东的诗"钟山风雨起苍黄，百万雄师过大江"，在我们每个人脑子里都会出现"百万雄师过大江"的形象，但由于每个人的生活经验、文化素养以及欣赏水平不同，人们总是把自己独特的个性融会进去，因而出现"百万雄师过大江"的浩荡形象也各不相同，这种不同是每个人创造的结果。因此，再造性想象也具有创造性。

3. 创造性想象

创造性想象是不依据现成的描述，独立地创造出新的形象的心理过程。

一般说来，在美的欣赏过程中，再造性想象占优势；在美的创造过程中，则是创造性想象占优势。文学艺术作品中那些众多的、永不重复的新颖艺术形象，便是创造性想象的成果。譬如在庄子的笔下，古今人物、骷髅幽魂、草虫树石、大鹏小雀，可谓无奇不有，使文章充满了诡奇多变的色彩；既写大之玄妙，又写小之情状，还有人物之间、物物之间、梦幻与现实之间的交错，这种奇特想象在中国文学史上影响深远。但需要强调的是，任何创造性想象都应该遵循基本的生活逻辑与艺术规律，否则，胡编乱造式的想象，除了能引发接受者的吐槽，恐怕起不到任何积极的反响。

（三）情感

情感是美感心理中最活跃、最重要的因素。它广泛渗入其他心理因素之中，使整个审美过程浸染着情感色彩；它又是触发其他心理因素的诱因，推动它们的发展，起着动力作用。因此，审美心理因素中情感因素的特点和作用问题，向来受到美学家和艺术理论家的重视。

1. 审美情感的两大特征

与日常情感相比，审美情感有着截然不同的两大特征：

其一，它是净化了的情感。审美情感作为一种精神性的愉悦，有别于单纯的生理快感。日常情感和生理快感的区别不太严格，生理需要的满足所产生的快感通常并不排除在日常情感之外；审美情感却要求"赏心悦目"，要在生理快适的基础上求得精神的满足。这便是审美情感的非实用、无功利性。从这个意义上说，审美情感是"净化"了的情感、是"形式化"了的情感，譬如小孩哭与演员哭之间的区别。

其二，它是一种反思的情感。日常情感都是一次性的，不能分析反思，一经反思则完全消失。例如开怀大笑时不能想：我为何这样高兴？一想，你就不再大笑了。可是审美情感既不像日常情感那样锋芒毕露，也不要求立即转化为现实行动，而允许主体在内心作持久反复的内省体验。事实上艺术的功能就在于情感的反思、再体验。日常情感时过境迁，很容易淡忘，艺术却能把这种情感体验作为一个长过程从容地展开。读者在欣赏作品时，就可根据自己曾经体验过的情感来体验别人的情感，由此加深对人生世相的理解。

正因为审美情感是一种反思情感，所以艺术应该是痛定思痛的结果，感情太激动时作诗，只会抹杀了"诗美"。

2. 情感在审美活动中的作用

情感在审美活动中起着重要的动力作用，具体表现在：

（1）渗入感知，推动想象，深化理解。

对于审美情感的这一特点，我们可以以唐代李益《上汝州郡楼》为例来进行分析：

> 黄昏鼓角似边州，三十年前上此楼。
> 今日山川对垂泪，伤心不独为悲秋。

"黄昏鼓角"，目所见、耳所闻。"似边州"，心所感。李益曾久佐戎幕，六出兵间，所以对边塞生活非常熟悉。这时，他登上汝州城楼，眼前是暗淡的黄昏景色，耳边是悲凉的鼓角声音，曾经如此熟悉的边塞生活重又浮上心头，记忆的闸门被一下子撞开。但明明是在唐王朝的腹地，为何却有"似边州"的感慨？这份感慨，或许是因为个人的身世，或许是因为社会的动乱，我们均难以确切推知。但这份沉重的感慨，不仅使他将一切都看得悲哀苍凉——"似边州"。而且还推动他去追忆那漫长的已经逝去的岁月。"三十年前上此楼"，写得极简单，既没描绘三十年前登楼的情景，也未叙说三十年来的人事变化。但联系作者生平及其所处时代可知，这三十年他自己郁郁不得志，而社会也是藩镇割据、战乱频仍。三十年的变化竟如此之大！他旧地重来，想到自己，由少壮变衰老；想到此地，经受干戈洗礼，是腹地却似边陲。城郭依旧，人事全非。抚今追昔，诗人怎能不为岁月更迭而感慨？怎能不为国运多舛而悲怆？个人的落魄、社会的动荡，全部浓缩在"三十年前上此楼"这一句中。因此，山川不再是一堆死物，"今日山川对垂泪，伤心不独为悲秋"，但山川何以会"垂泪"？"伤心"为何"不独为悲秋"？诗人并未作说明，就戛然而止了。其韵外之致、言外之意，只有靠读者去慢慢体悟。

（2）在意象结构中的磁力作用①。

艺术的基本单元是意象，但意象不是散乱的、支离破碎的，而是以情感为中心组成的有机整体。如马致远的《天净沙·秋思》，先以一堆零碎的意象点出清冷、凄凉的氛围，最后一句"断肠人在天涯"，点明旅人的孤寂处境，以浪迹天涯的羁旅愁思，串起前面诸多意象，益增孤寂之苦。

相形之下，白朴的《天净沙·秋》则境界全无：

> 孤村落日残霞，轻烟老树寒鸦，一点飞鸿影下，青山绿水，白草红叶黄花。

白曲之拙，则在前两句与后两句的感情脉络了不相属（音"主"）。落日残照、老树寒鸦，不失凄清意味；而飞鸿影下，何等自在？青、绿、红、黄，转成热烈，意象既很零碎，情绪又难融贯，有何意境可言？

（四）理解

美感中的理解因素有着具体生动的形象性和直接领悟的特点。它突出的是用形象说话而不是用概念说话，它是超越感性而又不离开感性，是趋向概念而又不归结为某一概念。它在感性形式中展示理性的本质，而又非任何概念所能穷尽和表达。这正如司空图所说"不著一字，尽得风流。语不涉难，已不堪忧"。正因为如此，美感中的理解才不同于逻辑的概念，而具有"言有尽而意无穷"和"只可意会而难以言传"的特点。

图3-3 凡·高《农鞋》

譬如海德格尔从他的存在主义哲学立场出发，认为艺术的本质就在于将存在者的存在从遮蔽状态显现出来。且看他对凡·高《农鞋》（图3-3）的分析：

"在鞋具磨损的内部，那黑洞洞的敞口中，凝聚着劳动步履的艰辛。聚积在硬邦邦、沉甸甸的破旧农鞋里的，是那永远在料峭寒风

---

① 此部分主要参考汪裕雄的论说，详见汪裕雄：《审美意象学》，人民出版社，2013年，第146页。

中、在一望无际的单调田垄上坚韧而滞缓迈动的步履。鞋帮上沾着湿润而肥沃的泥土。暮色降临，这双鞋底在田野小径上踽踽而行。在这器具里，回响着大地的无声召唤，显示着大地对成熟谷物的宁静馈赠，表征着大地在冬闲的荒芜田野里蒙眬地冬眠。这器具浸透着对面包的稳靠性无怨无艾的焦虑，以及那战胜了贫困的无言喜悦，隐含着分娩阵痛时的哆嗦，死亡逼近时的战栗。这器具属于大地，它在农妇的世界里得到保存。"①

虽然海德格尔的分析和凡·高的本意完全是两回事，但在"只可意会难以言传"这点上却是一致的。又比如王之涣的"欲穷千里目，更上一层楼"（《登鹳雀楼》）和朱熹的《观书有感》（其二）②，同样有此妙处。

审美理解通常包括两种类型：

1. 前提性理解

（1）自觉的审美态度。

审美能力的发挥，有待于主体对对象采取明确的观赏态度——日常实用态度的暂时中断。人们不论是读小说还是看戏看电影，即使被感动得痛哭流涕或义愤填膺，也不应当忘记这是"小说家言"或"假戏真做"，不能将艺术世界与现实世界混同起来。否则，看曹操戏就跳上台去手刃"曹操"，看《奥赛罗》就立即枪击"雅戈"，就演员说，不失为成功的表演；就肇事的观众而言，人们就不能不责备他丧失了观赏时应存的理智。

（2）相关的人生经验。

生活经验的有无也是理解艺术的必要条件。如国破家亡时读《春望》，年轻人就不如老人理解得深。黑格尔就曾说，同样一句格言，在未谙世事的少年人嘴里和一个饱经风霜的老人嘴里说出是不一样的。如"少壮不努力，老大徒伤悲"，年轻人说这句话时可能觉得来日方长，老年人则会觉得时不我待。

今人读历史小说、国人看域外小说、普通民众读反映宫廷生活的作品，终觉雾里看花水中望月，只因相关生活经验的欠缺。但也有"距离"，易产生美感。

（3）必要的欣赏经验。

这点类似于上一章所说的审美主体的知识储备和文化教养等，在此不再赘述。

2. 融汇性理解

所谓融汇性理解，就是将理解"融汇"到其他心理形式中。如：

融汇到感知中，将不相交的三条线看成是相交的，视对象为整体。又如温庭

---

① 海德格尔：《艺术作品的本源》，载《林中路》，孙周兴译，上海译文出版社，2004年，第18—19页。
② 半亩方塘一鉴开，天光云影共徘徊。问渠哪得清如许，为有源头活水来。

筠《商山早行》"鸡声茅店月，人迹板桥霜"，只用六样景物就巧妙地组合成鲜明而独特的生活画面，诗人虽没有用一个字说明旅客思乡的焦急和赶路的辛苦（霜晨奔波），但人们完全可以领略、理解到它包含的这种意义。再如司空曙"雨中黄叶树，灯下白头人"，屋外秋雨萧萧落叶萎黄，屋内一盏昏灯两鬓斑白。想起身世飘零、韶光易逝、事业未竟，想起人情浇薄、去国怀乡、忧谗畏讥，怎不悲从中来？树与人这两个意象互相重叠，"树"也是"人"，"人"也是"树"。

融汇到想象中，《梦游天姥吟留别》中奇特的想象蕴含着作者鄙弃世俗、蔑视权贵和追求自由的思想。

融汇到情感中，"朱门酒肉臭，路有冻死骨"反映了作者对黑暗现实的强烈憎恨，以及对造成这种现状的原因的反思。"少壮不努力，老大徒伤悲"，既有人生易逝之感慨，也有要年轻人惜时如金的劝诫。

总之，美感中的理解因素总是渗透于、沉淀于感知、想象、情感诸心理因素之中的，并与之合为一体，构成鲜明、生动的形象。这种融汇在艺术中是不着痕迹的，正如钱锺书在《谈艺录》中所云："理之在诗，如水中盐，蜜中花，体匿性存，无痕有味。"清人沈德潜也曾云："诗不能离理，然贵有理趣，不贵下理语。"（《清诗别裁·凡例》）

【思考与练习】

1. 自觉的审美态度何以是进入美的欣赏的前提条件？

2. 美的欣赏的一般过程包括哪些层次？

3. 在审美心理诸因素中，想象为何特别受人重视？

【延伸阅读书目】

1. 汪裕雄：《审美意象学》，人民出版社，2013年

2. 朱光潜：《文艺心理学》，复旦大学出版社，2005年

3. 钱锺书：《谈艺录》，生活·读书·新知三联书店，2019年

4. 海德格尔：《林中路》，孙周兴译，上海译文出版社，2004年

第四章 美的本质：千古难解之谜

一、"美是什么"的探索

二、美何以难解

三、"美"在当下的复杂性

放眼我们所生活的世界，美的事物无处不在，"美"这个词在日常生活中经常使用且频率很高。李泽厚就曾为其归纳出三种含义：①

第一种，它是表示感官愉快的强形式。饿得要命，吃点东西，觉得很"美"；热得要死，喝瓶冰镇汽水，感到好痛快，脱口而出："真美。"在老北京，大萝卜爽甜可口，名叫"心里美"。"美"字在这里是感官愉快的强形式的表达。

第二种，它是伦理判断的弱形式。我们赞赏某个人、某件事、某种行为时，也常用"美"这个字。把本来属于伦理学范围的对于高尚行为的仰慕、敬重、追求、学习，作为一种观赏、赞叹的对象时常用"美"这个字，以传达情感态度和赞同立场。所以，它实际上是一种伦理判断的弱形式，即把严肃的伦理判断用欣赏玩味的形式表现出来。

第三种，专指审美对象。在日常生活中，"美"字更多地用来指使人们产生审美愉快的事物、对象。比如我们参观古代园林、看画展、听音乐，常用"美"这个字来赞赏它们。

那么，"美"到底是什么？

一、"美是什么"的探索

两千多年前，柏拉图曾经在他的《大希庇阿斯篇》中借苏格拉底与希庇阿斯的论辩，来讨论美究竟是什么。苏格拉底问希庇阿斯："美的东西之所以美，是否也由于美？"（最后一个"美"指"美本身"、美的本质）希庇阿斯说是的。苏格拉底又问："什么是美？"希庇阿斯说："美就是一位年轻漂亮的小姐。"这么说，一个年轻漂亮的小姐的美就是使一切东西成其为美的。但是苏格拉底又反问："一匹漂亮的母马不也可以是美的吗？""一个竖琴有没有美？""一个美的汤罐怎样？"希庇阿斯当然无法否认母马、竖琴和汤罐的美，但这和他所说的"美就是一位年轻漂亮的小姐"的定义有什么联系呢？显然，希庇阿斯在这里犯了以个别（年轻漂亮的小姐的美）代替一般（所有事物的美）的错误。

① 李泽厚：《美学三书·美学四讲》，安徽教育出版社，1999年，第470—471页。

于是希庇阿斯又提出：黄金是使事物成其为美的，因为很多东西一贴上黄金就美了。苏格拉底则反驳说，公元前五世纪希腊最大的雕塑家费第阿斯（代表着欧洲雕塑史上第一座高峰）所雕刻的雅典娜女神像，没有用黄金做她的面目，却用了象牙，而且身子用的是石头，这又作何解释呢？

他们继续辩论，认为美是恰当、美是有用、美是视觉和听觉所生的快感等，一系列的定义都难以自圆其说，最后苏格拉底不由得感叹："美是难的！"这一感叹，就成了名言。当然，感慨归感慨，几千年来的西方学者，却从来没有在这一问题上停止过探索。回顾他们的求解路径，不外乎以下几种观点：

（一）美在形式

主张美在形式的学者认为：美不在心，而在客观之物，在于物自身的形式、属性。

他们的前驱是古希腊的毕达哥拉斯学派（公元前 6 世纪）。该学派认为：万物的本原是"数"，事物的形式、结构都是按照一定的数量关系构成的，如果它们达到和谐，事物的形式就美。从"数乃万物之原"这一哲学信条出发，他们研究了音乐、建筑、雕塑等艺术门类，探求什么样的数量比例才会产生美的效果，得出了一些经验性的规范。例如：他们最早发现了"黄金分割"规律，即把黄金分割成具有一定比例的长方块，认为这样的黄金分割段形式最美。这一发现对欧洲影响极大，后来许多人为它举例论证。德国数学家阿道夫·蔡辛就曾断言：宇宙之万物，不论是花草树木，还是飞禽走兽，凡是符合"黄金分割"规律的总是最美的形体。

毕达哥拉斯学派还把数与和谐的原则应用于天文学的研究，提出"大宇宙"与"小宇宙"的观点：大宇宙由各式各样的天体构成，按照一定的数量关系运动，这就产生了一种和谐的音乐——"天体音乐"。人体就像天体，它如同一个"小宇宙"，也由数与和谐的原则统辖着。人有内在的和谐，遇到外在的和谐，就能同声相应、欣然契合。因此，人才爱美和欣赏艺术。

毕达哥拉斯学派之后，很多美学家从事物形式方面寻找美的因素及其组合规律，由此产生了形式主义美学流派。18 世纪英国画家、美学家荷加斯（1697—1764）就认为：构成美的规则是"适应、多样、统一、单纯、复杂和尺寸——所有这一切都参加美的创造，互相补充，有时互相制约"。[①] 这就是说，事物在形式方面的组合规律决定了它美与不美。其中"适应"是诸因素中最基本的因素，因为"它对整体的美具有最大的意义"。例如桌子、椅子、器皿等的大小比例就

---

① 荷加斯：《美的分析》，杨成寅译，广西师范大学出版社，2002 年，第 44 页。

是由适应（合目的性）的原则决定的。"多样"就是富有变化，比如各种植物、花卉、叶子的形状和色彩，蝴蝶翅膀、贝壳等的配色……

荷加斯还特别提到线的美，认为直线、折线和曲线三者相比较，直线很单调，折线虽有变化但看起来很费力，只有曲线（蛇形线）能引导我们的视线追逐无限，心情感到很自由。所以荷加斯称蛇形线为"自由的线""无限的线"，也是最美的线。

从毕达哥拉斯学派和荷加斯的探讨中可以看出，"美在形式"的观点主要有以下功绩：首先，它肯定了美必然具有感性形式。任何事物若显得美，都必须有外观形式诉诸人的感官。抽象概念无美，"科学美"只是"美"的借用。其次，它促进了形式美的研究。美的艺术中有一部分是单纯的形式美，它们没有思想内容，只有单纯的形式意义。如：蛇形线之美。最后，"美在形式"的观点促进了实验美学的兴起。实验美学由德国物理学家、心理学家弗希纳创立，它是近代心理学的一个分支，这一派的美学家把造型艺术分剖为零碎的颜色及线形，把音乐分剖为零碎的声调，然后拿这些零碎的颜色、线形和声调来测验观者或听者的喜好。经过大量实验后，他们就得出结论说某种颜色对于某种人、某种年龄是美的，某种线形对于某种人、某种年龄是最丑的。这样虽能使形式美的感受数据化，但他们却忘了一种颜色、线形或声调使人愉快或不愉快多是由于生理作用。而且独立的颜色、线形是一回事，图画中的颜色、形体又是另一回事。好比斑驳的树影，虽由凌乱的线条构成，却显得富于变化、给人以美感。

"美在形式"的观点也有局限性：首先，它不能解释美的历史性。美的含义是随着历史发展而不断变化的。同样的形式，在不同的时代会有截然不同的评价。如：古代认为小脚美，《西厢记》中的张生看到崔莺莺的脚印时，夸奖它"价值百镒（20两）之金"。古代文人写了不少作品赞颂女人的小脚，甚至有乖僻者会拿女人的小鞋作酒杯。到了近代，这种形式却被淘汰，人们批判它"小脚一双，眼泪两缸"。又如：过去认为戈壁滩很荒凉、很恐怖，现在人们却趋之若鹜地去旅行。其次，它只适用于形式美，而忽略了美的社会内容。用"美在形式"来解释自然美，一般情况下都是可行的。比如说山的美，完全在于形式。但用"美在形式"来解释社会美和艺术美却常常说不通，比如为革命失去双腿的革命英雄，虽然生活多有不便，却是一种社会美；《欧米哀尔》虽然表现对象是丑，却"丑得如此精美"；清代刘熙载说假山石"丑到极处，便是美到极处"，因其显示生命力之顽强。最后，实验美学打破了审美的完整性。事实上，审美当然不能像盲人摸象那样，仅仅执其一端，而要作通观考察。

总之，"美在形式"虽肯定了美的重要条件，但没在本质上揭示什么是美。为弥补其不足，20世纪初英国美学家克乃夫·贝尔（1881—1966）又提出"有意味的形式"这一命题。贝尔认为：美学研究的主要对象不是美而是艺术，而艺术的本质就是"有意味的形式"。所谓"形式"，贝尔认为，就视觉艺术而言，形式就是指由线条和色彩以某种特定方式排列组合起来的关系。这种纯粹的形式关系已把形式组成的画面所可能有的指示意义、记录信息、传达思想、启发教化等现实生活的内容全部排除在外。而"意味"就是这种纯形式背后表现或隐藏着的艺术家独特的审美情感。贝尔还指出：形式一旦表现了艺术家的审美情感，它就有了意味；而它之所以能表现艺术家的情感，就因为它是"有意味的形式"，这就陷入了恶性的循环论证中，始终未能说清意味与形式何以结合、如何结合。

相形之下，中国传统美学没有纯粹的"美在形式"说，国人恰恰是把形式与意味结合起来的，由此形成意象。这一点颇值得深究。恰如宗白华先生所说"象者，有层次，有等级，完形的，有机的，能尽意的创构"。[1]意象既是审美心理的基元，也是艺术本体。考证其渊源，汪裕雄认为这其实是中国传统文化"尚象"思维在审美领域的延伸。它溯及中国古代神话，经过《老子》《周易》及《庄子》的接引，至魏晋而发展成熟。[2]唐宋以后，审美意象论几乎遍及诗论、书论及画论，且朝着追求意境、气韵的方向发展，也就"标志着中国传统艺术（主要是诗、书、画）的全面成熟，登上了东方古典艺术的高峰"。[3]

（二）美在理念

这一学派将精神现象看作客观实体，这种客观的精神实体是万物的本原，同时也是美的本原。他们的前驱就是古希腊的柏拉图（图 4-1）。

柏拉图（前 427—前 347）将世界分成三个层次：理式（也译"理念"）世界、现实世界和艺术世界。其中只有理式世界是真实的、独立存在的。现实世界是模仿理式世界来的，艺术世界又是模仿现实世界来的。用柏拉图自己的例子来说，床有三种：第一是床之所以为床的那个床的"理式"（idee，不依存于人的意识的存在）；第二是木匠依床的理式所制造出来的个别的床；第三是画家模仿木匠的床所画的床。这三种床之中只有床的"理式"，即床之所以为床的道理或规律，是永恒

图 4-1 柏拉图

① 宗白华：《宗白华全集》（第 1 卷），安徽教育出版社，1994 年，第 636 页。
② 汪裕雄：《意象探源》，人民出版社，2013 年，第 1—13 页。
③ 汪裕雄：《审美意象学》，人民出版社，2013 年，第 45 页。

不变的、最真实的。木匠所造的床是床的"理式"的摹本，已经不真实。而画家所画的床就更不真实，是"模仿的模仿""影子的影子"。

由此柏拉图指出：现实事物之所以美，是因为它分享了美的理式，即美的本质（美本身）。美的事物经过艺术家的模仿，又变成了艺术美，后两种美都不够真实。

针对柏拉图的观点，列宁批判说，精神先于、外于现实界，是骇人听闻的。不过柏拉图这种将美的本质、美的事物和艺术美联系起来思考的方式——美的本质不等于美的事物、艺术美源于对现实世界美的事物的模仿——却值得后人效仿。

到了近代，德国哲学家黑格尔（1770—1831）（图4-2）提出"美是理念的感性显现"，他认为：世界的本原是"理念"、是"绝对精神"，它按照正反合的辩证法，经历逻辑阶段、自然阶段和精神阶段的演变而回复自身。这一演变过程既是思想的演变，也是现实世界的演变。在逻辑阶段，理念还只是纯粹的概念；在自然阶段，理念已外化为自然界。到了精神阶段，理念则体现为政治、法律、艺术、宗教、哲学等。由此可见，艺术只是理念显现自身的一种方式，而美（在黑格尔哲学中主要指艺术美）当然是"理念的感性显现"了。

图4-2 黑格尔

所谓"感性"，是要求艺术必须具有感性形象，能被欣赏者的感官直接把握。但这一感性形象又不等于直接物质性。如：画上的苹果，可欣赏但不可吃，因为它不具有直接物质性（具有直接物质性的东西，人们可以占有、利用和改造），但它仍给人愉快，可以作"无所为而为"的观照。

所谓"显现"，有"显外形"和"放光辉"的意思，也就是理念通过感性形象表现出来，放射出光辉。如：悲鸿之马不可骑，白石之虾不可食。但悲鸿的马表现了作者对国家和民族命运的忧喜哀乐之情，白石之虾表现了画家对自由活泼的人生境界的追求。

总之，"美是理念的感性显现"这一定义体现了主观和客观的统一（作家心中的理念，如理想、愿望等，它们就是主观的）、内容和形式的统一以及理性与感性的统一。"美在理念"的观点发展到黑格尔已经是登峰造极。

如果非要给这一理论找到一个形象化的注脚，历史上那些把道德的标准（内容）置于艺术的标准（形式）之上的观点，倒可勉强归于此列。就拿中国来说，从周秦一直到近代西方文艺思潮的输入，文艺都被认为是道德的附庸。孔子就曾说，诗可以兴、观、群、怨，"迩之事父，远之事君，多识于鸟兽草木之名"。两汉之后，受帝王"尊经"的社会风尚的影响，文人们也主张文学不能"言之无物"，扬雄就曾说："书不经，非书也；言不经，非言也。"因此两汉文人极力鼓吹他们的作品是有益于世道人心的。到了六朝，纯文学的势力比较浩大，诗文都比较少经学气和道学气，但是六朝文学为后世所诟病，也恰在这一点。唐代人批判它"采丽竞繁，兴寄都绝"，韩愈提出"文以载道"就是为了挽救六朝的绮靡之弊。韩愈之后，"文以载道""言之有物"就成为一般文人的门面语了。到了近代，由于西方文艺思潮的输入，才有 20 世纪 20 年代那场"为人生的艺术"与"为艺术的艺术"的论战，然而在当时国难当头的社会背景下，占优势的是"为人生的艺术"。①

（三）美在主观

这一派将精神现象看作主观心理活动的结果，努力从人的心理——感觉、情感、想象、理智等之中寻求对美的解释。他们的最主要的代表是英国哲学家休谟（1711—1776）。

休谟（图 4-3）认为："美不是事物本身的属性，它只存在于观赏者的心里。每一个人心见出一种不同的美。这个人觉得丑，另一个人可能觉得美。"这便是美在主观的典型论断。但休谟将美和美感完全等同起来："快乐和痛苦不但是美和丑的必然伴随物，而且还构成它们的本质"。他将快感和美等同，其实就是将美感与美等同。

休谟的观点有以下片面性：第一，他完全抹杀了美的对象的特点。美的事物是有它的客观性的，并不完全取决于欣赏者的感受。要不然，为什么人人都觉得蝴蝶美，而很少有人说老鼠美？除非像清代沈复那样思路清奇的人士，才会做出迥异于常人的判断。因为他的《浮生六记》当中就有这样一段描写：

图 4-3　休谟

① 关于文艺与道德的关系，详见朱光潜：《朱光潜全集》（第一卷），安徽教育出版社，1987 年，第 294—297 页。

余忆童稚时，能张目对日，明察秋毫；见藐小微物，必细察其纹理，故时有物外之趣。夏蚊成雷，私拟作群鹤舞空。心之所向，则或千或百，果然鹤也。昂首观之，项为之强。又留蚊于素帐中，徐喷以烟，使其冲烟飞鸣，作青云白鹤观，果如鹤唳云端，怡然称快。[①]

能将令人生厌的蚊子，比附于让人神往的"青云白鹤"，堪称"独特"。毋庸置疑的是，"美在主观"的说法很容易就导致"相对主义"和怀疑论。

第二，将美归结为快乐的论断还很容易导致美学上的"官能主义"，即尽量刺激感官，使人得到满足，强调人在占有、消灭对象时的愉快。这是西方色情、暴力艺术的理论依据，它必然导致艺术上的颓废。比如某些好莱坞大片，场面惊险火爆，主题却极为平常。

（四）美在生活

这种观点认为，一个事物美与不美，决定的因素不在该事物本身，而取决于该事物与社会生活发生关系之后所显示的意义。这一派的代表人物是俄国革命民主主义者车尔尼雪夫斯基（1828—1889）。

车尔尼雪夫斯基（图4-4）曾经在他的《艺术与现实的审美关系》（周扬译成《生活与美学》）一书中提出"美是生活"这一命题。它包含两层意思，一层是"任何事物，我们在那里面看得见依照我们的理解应当如此的生活，那就是美的"。所谓"应当如此的生活"，就是一种生活理想。第二层是"任何东西，凡是显示出生活或使我们想起生活的，那就是美的"。第一层主要用来解释社会美，第二层主要用来解释自然美。

先说第一层，"任何事物，我们在那里面看得见依照我们的理解应当如此的生活，那就是美的"，将美界定为能显示"我们"生活理想的事物。车尔尼雪夫斯基以当时俄国人对女性美的理解为例来解释这一定义。对当时俄国的农民来说，"应当如此的生活"就是丰衣足食、安居乐业、辛勤劳动、体格健壮，所以他们以健壮活泼、脸色黑里透红的少女为美。对当时俄国的贵族来说，"应

图4-4　车尔尼雪夫斯基

① 沈复：《浮生六记》，黄山书社，2003年，第49—50页。

当如此的生活"就是养尊处优、不劳而获,所以贵族们以细指纤纤、面色苍白的贵妇人为美。由此看来,处于不同政治地位和经济地位的人,对"应当如此的生活"会有不同理解,对美的看法也就有很大差异。两种美寄托的是两种生活理想。

事实上,最近三四十年中国人对都市与乡村的态度之转换,何尝不是因为生活理想的变化所导致的呢?改革开放初期,巨大的城乡差异使得乡村成为贫穷、落后甚至愚昧的象征,无数人渴望走出乡村融入城市。而经过四十多年的发展,城乡差距已经大幅缩小。激烈的职场竞争、拥挤的居住环境以及日益严重的空气污染、食品安全等问题,使得长期身居都市中的人越来越向往乡村生活的悠闲、放松以及人与自然和谐相处的场景。所谓的"世界那么大,我想去看看",表达的何尝不是这种心声呢?!生活理想的不同导致了审美判断标准的差异。

"美在生活"的第二层含义,就是"任何东西,凡是显示出生活或使我们想起生活的,那就是美的",其含义是客观世界中的自然事物之美,是对人类生活的一种暗示。例如:人们喜爱流水的美,因为它使人想起生活如流水一样奔流不息。人们喜爱日光之美,因为它是自然界一切生命的源泉。反之,人们觉得乌龟、壁虎、鳄鱼丑陋,是因为它们使人想起人的病态或笨拙。这里的"生活",实际是指"生命"(在俄语中是同一单词)。这么说,自然美是生命的象征。

总而言之,车尔尼雪夫斯基"美是生活"的定义,批驳了在美学史上长期占统治地位的"美在理念"的论断,摆正了思维与存在的关系,将美植根于现实生活中,强调了美、审美主体和审美意识的社会性,这在西方美学史上是独辟蹊径的;但也存在着一些局限性,例如:说社会美要联系生活的理想,说自然美却只要联想起生活即可,这样规定美的本质,社会美与自然美是难以贯通的。

(五)美在关系

18世纪法国学者狄德罗(图4-5)认为,美是事物的客观关系,是随着关系而开始、增长、变化、衰落、消失的。比如,"让他死吧"这句话美不美?这是不能肯定的,但也不能否定。要看这句话放在怎样的语境关系中。狄德罗随后告诉我们,法国古典剧作家高乃依写过

图4-5 狄德罗

油画《贺拉斯》

图 4-6　油画《贺拉斯》

一个剧本《贺拉斯》(图 4-6)，描写的是公元前 600 多年在罗马发生的战斗，其中贺拉斯三兄弟为祖国的荣誉与敌人厮杀，结果两人战死，一人逃跑。老贺拉斯的女儿向父亲报告情况说，她的兄弟二死一逃。老人沉思着，然后愤怒地对女儿说："让他死吧！"原来这句话表现的是一个老人强烈的爱国情怀。所以狄德罗说："原来不美不丑的话'让他死吧'，在我逐步揭露其与环境的关系后而变美，终于成为绝妙好词。"总之，美取决于审美对象和情境的关系，以关系为转移；不存在抽象的绝对的美，只有相对于一定关系的具体的美。

我们认为，"美在关系"的说法确实能解释不少审美现象。比如，"情人眼里出西施"，或许对方原本只是相貌平平的女子，但因情之所钟，在爱她的人眼里，她比西施还要美。再比如，中国香港电影《唐伯虎点秋香》(图 4-7)当中，当所谓的"江南四大才子"在路边高呼丫鬟秋香的名字时，只有秋香一人回头，大家都觉得传说中的美人原来不过如此。而当大家又齐声高呼"美女"之时，有无数的女人回头。在众多相貌平庸甚至丑陋之人的衬托下，秋香的美才真的让人有惊艳之感。当然，我们可以说周星驰的电影喜欢恶搞、夸张，但"四大才子"以及观众对于秋香的审美判断，确实会因为她所处的情境、她与周围人的"关系"的变化而发生改变。这难道不是"美在关系"的一个典型例证吗？

图 4-7　电影《唐伯虎点秋香》剧照

二、美何以难解

"美是什么"的问题让人们思考了几千年，究其原因，主要有以下几方面：

第一，美的事物具有繁复性、多样化的特点。

美的事物存在于自然界、人类社会和艺术三大领域。每一领域美的事物林林总总、现象各异。在自然界，日月星辰不同于大地的美；在大地上，飞禽走兽不同于人类的美。在艺术领域，各流派、各门类的差异更大。要从各自领域五彩纷呈的美的事物中找出其共同本质，已非易事。若再从三大领域之间，找出贯通一致、无往不适的美的共同本质，自然难上加难。人们常感觉到：一种定义能解释某一类型的美，却不能解释另一类型的美。

此外，美的事物≠美的本质。按柏拉图所说，"任何一个事物有了它才显得美的东西叫作美本身"，换言之，美的本质（美本身）是隐藏在所有美的事物背后的一种共性，仅凭经验的描述，是根本找不出美的本质的。而希庇阿斯的最大错误就在于将美等同于美的事物。

第二，美要求从美感得到确证，而美感却具有偶然性和相对性。

说到美感的特殊性，朱光潜先生生前反复向他的论辩对手提到"花的红≠花的美"这一命题。"花的红"，是逻辑判断，它不仅可以用科技手段来测定，得知其中所含有的花青素的比例及所反射的光波波长的范围，更可由此形成公式进行逻辑推理，也即凡是含有多少比例的花青素，反射的光波波长在某个特定的范围之内，作用于正常人的视网膜（将盲人和色盲排除在外），那它一定是红色的！而"花的美"呢，既不能用科技手段来测定，也不能在此基础上形成公式或定理。判断它美与不美的唯一方式，就是让每个人自己去看。如果你觉得美，而对方觉得不美，即使你说得天花乱坠都没有用，这就是美要求从美感得到确证，而美感具有相对性的含义。它之所以会发生，是因为每个人的美感能力因先天气质和后天教养的不同而有很大差异。

此外，产生美感的情境也是变动不居的，高兴时似乎花草也点头微笑，痛苦时觉得青山也为你含悲。这就导致了对事物美与不美的判断在相对性之外，又增添了偶然性。

对美的本质的探讨，就是从美感的偶然性和相对性中，求得必然和绝对，这确实是一个深刻繁难的哲学课题。

第三，美的本质论歧异丛出。

希庇阿斯讲了许多美的定义：漂亮、有用、感官的愉快等，都被苏格拉底一一反驳。后来又有不少人围绕这一问题展开争论，列夫·托尔斯泰曾在他的《艺术论》（1898）中感慨，自1750年鲍姆嘉通创立美学之后的漫长时间里，"美"字的意义经过众多学者一百五十多年的讨论，至今竟成了一个谜语。美的定义至今仍被认为是"未发现的真理"（温克尔曼语），各种探讨仍在继续。

三、"美"在当下的复杂性

回顾前面所说西方美学探讨美的本质之几大途径，可谓各有长处，也各有偏颇，但却启示我们：光从对象自身或主体自身着想，都不易得出对美的本质的全面理解，只有将对象与主体联结起来，把它们放到活生生的审美活动中去考察，才能将美的本质的研究，向前推进一步。

事实上西方美学界差不多从康德时候开始，就已经放弃了对美的本质的追问，转而将注意力放在人的美感方面，从而完成了美学研究的人本位移。而国内学界从二十世纪二三十年代开始，便一直非常热衷于讨论"什么是美"之类的问题，这种争论在中华人民共和国成立初期的美学大讨论中更是达到白热化。国内学者对美的本质问题的关注，常常让西方学者感到非常惊讶甚至匪夷所思。

进入21世纪初期，"日常生活审美化"的命题一时成为学界研究的热点。参与讨论者的主要理由在于，在当代社会，审美活动早已超出所谓纯艺术或纯文学的范围，逐渐渗透到大众的日常生活中。占据大众文化生活中心的已经不是诗歌、小说、散文、戏剧等经典的艺术门类，而是一些新兴的泛审美、泛艺术门类或审美、艺术活动，譬如广告、流行歌曲、时装、电视连续剧等，甚至连环境设计、城市规划、居室装修也包括在内。艺术活动的场所也早已远远逸出与大众的日常生活严重隔离的高雅艺术场馆，深入大众的日常生活空间。可以说，当代社会的审美、艺术活动更多地发生在城市广场、购物中心、超级市场、街心花园等与其他社会活动没有严格界限的社会空间与生活场所中。在这些场所中，文化活动、审美活动、商业活动、社交活动之间不存在严格的界限。①

随着中国社会的急剧发展及物质产品变得极其丰盈，审美要素向日常生活渗透的程度已经日益密切和深入。艺术与非艺术、美与非美之间的界限早就变得更为模糊甚至在特定时空下走向消解，此时再去探讨"美是什么"的问题，无疑显得更加艰难和复杂。清晰可见的事实就是：一方面，传统的与艺术和审美相去甚远的领域，现在却日益审美化了；另一方面，过去过多标榜非功利性的纯艺术领域，却难以抵挡当下这个艺术被日益商业化乃至工业化的潮流。姑举以下两例：

（一）广告的审美化倾向

美国广告大师大卫·奥格威认为：广告不应该被视为一种艺术形式的表现，广告唯一的功能就是"销售"，而不是娱乐大众，也不是运用你的原创力或美学天赋使人们留下深刻的印象。既往的美学研究，一直是把广告排除在外的，或者作为"五色令人目盲，五音令人耳聋"的对象来加以批判。然而近些年随着审美修饰成分在广告活动中的日益增加，人们已经很难否认广告中的审美因素。

广告如何与审美结缘？不外乎以下两个层面：其一，广告形象通向审美。尽管广告是以真实性为基础、功利性为目标，但谁也无法否认，在借助声音、文字、画面所共同营造的广告意象与广告意境中，其审美意味是不言自明的。其二，就审美效果来说，成功的广告常常能收到或荒诞或新奇、或华丽或自然、或朴实或幽默、或优美或崇高的独到效果。

而为了达到这样的效果，广告中也常常需要借助一些新颖独到的构思方能成就。譬如由中央电视台与某广告公司联合推出的《著名企业音乐电视展播》，因其独特的创意策划以及高水准的制作，在业内与高端受众中具有广泛

---

① 陶东风：《日常生活的审美化与文化研究的兴起——兼论文艺学的学科反思》，《浙江社会科学》，2002 年第 1 期。

的影响力和认可度，成为许多大型企业形象创新传播的平台。其中，某酒类集团的"爱到春潮滚滚来"音乐短片，不论场景、人物造型还是建筑物，都显露出一种古色古香的氛围。竹林、湖水，以及男女主人公的绿色汉服，白发老翁、年轻力壮的酒坊少年……强烈的色彩对比、男女主角青春靓丽的面庞，以及他们在天地间自由飞翔的轻盈姿态，凡此种种，均让人耳目一新。"香醉人间三千年"，无疑是这首歌的点睛之笔，一方面，突出了该酒的回味悠长，另一方面，更蕴藏着中华数千年的酒文化。此广告片拍得相当唯美，人、情、境三者相融。

如果评论者认为，上述音乐短片因为针对的是企业形象宣传，所以可以虚实相生，在艺术创造上有较大的自由度，其实也不尽然。即使是针对单个产品进行宣传的广告，如果不能在修饰方式上多下功夫，注定了也只能是昙花一现。而很多常播不衰且起到很好营销效果的广告，也多半是在艺术加工方面有独到之处。

（二）艺术领域日益商业化：资本对"美"的侵蚀

与广告审美化相对应的，则是艺术领域的日益商业化。虽然在既往的理论表述中，常过多地将艺术品贴上"非功利"的标签。但近些年艺术领域过度的商业开发，早已割裂了艺术和审美之间的关系。资本以其锐不可当的力量碾压至艺术领域的每个角落，使得金钱大有取代"美"成为衡估艺术的最高标准之势头。姑举其中几类情形为例：

1. 实景演出的视觉奇观

发掘文化资源，打造文化品牌，推进文化与产业的深度融合，让文化助推经济与社会发展，凡此种种，从20世纪80年代以来，渐次发展成为席卷神州大地的阵阵热潮，旅游演艺便是其中一项耀眼的举措。2004年3月，大型山水实景演出《印象·刘三姐》在桂林漓江正式推出。此后，各地纷纷效仿。尽管有人严厉指责实景演出的弊端：破坏环境、干扰民生、回收不力、盲目跟风、资源浪费、产业缺陷以及手法老套，运作实景演出的也是几家欢喜几家愁，但这依然未能阻挡各级机构不断推出实景演出的积极性。

就拿近几年屡屡在安徽黟县宏村上演的《宏村·阿菊》来说吧，它曾是安徽省首台大型旅游实景文化演出。故事以古徽州文化为背景，艺术再现徽州女人贤惠、勤劳、持家、教子、耕耘劳作以及忠贞如一、守护家园的美好品质。

客观地说，《宏村·阿菊》投资2.3亿、历时多年打造而成，制作颇费心血，且一直定位于中国故事的"国际化表达"。从主创人员、总导演到舞蹈和特技演员，均透着"国际范"，制作方也为演出营销投入巨资。从现场演出氛围看，由于全剧融入高空特技、高台跳水、时尚跑酷、水上摩托艇等多种新奇表演，而且运用了电影特技、水火特效场景、3D 立体成像技术等现代高科技手段，确实能给观众造成很强的视觉冲击。

但是，《宏村·阿菊》所为人诟病者，首先是阿菊形象带有猎奇意味。徽州女人所展现在世人面前的，通常是贤妻良母、女中丈夫、才女名媛和节烈妇女等形象。而阿菊以勇斗盗寇的"女汉子"形象展现在世人面前，却让人颇感意外。其次，是伪民俗的大行其道。比如阿菊选亲、成亲，在整场演出中占据着大量篇幅，其实是全国各地"随意"消费婚庆类习俗之风气的折射。特别是其中的绣球选亲环节，多年前就已有学者尖锐指出：古徽州鲜见抛绣球嫁娶新娘，所以，各个景点表演的"抛绣球"节目，绝对是假民俗！最后，形式大于内容。媒体所隆重推介的《宏村·阿菊》之"六大看点"——高台跳水、高空绸缎、炫技摩托艇、大型水幕、夏季飘雪、舞动喷泉，固然能引来观众的阵阵喝彩，但它们似乎与徽州传统歌舞没有多少关系，与徽州文化更没多少关系，甚至与全剧结构也没任何关系。

总体看来，《宏村·阿菊》虽然尝试对徽州文化资源作深入发掘和重新演绎，并着力架构出古今呼应的演出情境；但在现代化的声光电所营造的视觉奇观中，更多的是以舞台的真实消解了文化的真实。

2. 艺术品拍卖的虚假繁荣

近些年艺术领域过度的商业开发，割裂了艺术和审美之间的关系。它不仅进一步混淆了艺术与非艺术、美与非美之间的界限，更对艺术的发展造成危害。早在 2008 年 5 月 30 日，《东方早报》就刊登了当代艺术评论家朱其的文章《当代艺术拍卖有个"谎言共同体"》，矛头直指当时火爆异常的以写实油画为主体的当代艺术，认为其中存在着艺术炒作集团在拍卖会上的"天价做局"，艺术品价格被人为操纵，大部分天价作品的成交实际上是"虚假"交易等现象。

很显然，这种表面的繁华和热闹对于当代艺术的危害是非常严重的。这使得当代艺术正在创造一种非常可怕的"谎言共同体"，并有向商业化游戏蜕变的趋势。在当代艺术市场，有相当一部分是市场投机商，他们买画的目的并不是收藏，而是卖给下一个人。抢画的人多了，画的价格就节节上升。这样结构畸形的艺术市场，形成了一个以资本和拍卖天价为轴心，以绘画为主体的运转模式，并迅速带动年轻一代艺术家走向极端的商业化和艺术生产化。这实际上不是文化进步，而是艺术的堕落。这种极不正常的艺术市场模式，不应该受到保护，只有毫不留情地提出批评，才能够真正促进艺术继续前行！

【思考与练习】

1. 美的本质为何难解?

2. 如何看待广告的审美化倾向?

3. 为什么说美的本质问题在当今正变得更加复杂?

【延伸阅读书目】

1. 李泽厚:《美学三书·美学四讲》,安徽教育出版社,1999 年

2. 柏拉图:《柏拉图文艺对话集》,朱光潜译,商务印书馆,2013 年

3. 车尔尼雪夫斯基:《艺术与现实的审美关系》,周扬译,人民文学出版社, 2009 年

4. 蒋孔阳:《美学新论》,人民文学出版社,2006 年

第五章
社会美……「人者，天地之心也」

一、人体美

二、行为美

三、人格美

《礼记》云:"人者，天地之心也。"身处宇宙万物之中，作为"天地之心"的人类最为熟悉也最为关切的是自身的美。当代著名美学家、"身体美学"的倡导者舒斯特曼也曾非常感慨地说，对于肉体的顶礼膜拜似乎早已成为后现代都市文化的典型特征，不断增多的体育馆和休闲中心大有取代教堂和博物馆成为教育民众的场所之趋势。[①] 借用舒斯特曼的理论来反观当下社会现实，不乏思想退隐、身体登场的现象。人们貌似比历史上任何时期都要重视身体之美。也正因如此，我们对于人的美之讨论，将从人体美切入，后面才逐渐过渡到行为美和人格美。

一、人 体 美

人体美是指人的五官、身（体）姿（态）以及在人体活动中产生的风度、风姿给人以美的感受。它在美学上有两种分属方法，有人把它放在自然美中，是自然美的最高阶段。也有人把它放在社会美中，是社会美的起始阶段。其实这两种方法都行，就人体的生理形态比如性别、身高、肤色而言，它是天生的，基本上属于自然美的范畴。虽然后天努力也可改变人的自然形体甚至性别，比如体育锻炼、整容、变性等，但毕竟还是一种再塑造。就人体必然打上人的思想性格之烙印而言，它又属于社会美的范畴。但因为人体所能表现的人的思想性格是有限的，所以它只能放在社会美的起始阶段。

从人体美的定义我们可以看出，对它的评价主要有两个角度，一是静态的，注重相貌、身材；一是动态的，注重风度、风姿。从相貌、身材来说，它主要包括脸庞造型、五官比例、肤色和身材各部分的比例等，且常常可以用数字指标来衡量。比如在某些选美比赛中，往往选手还未出场，主办方就要向观众通报参赛选手的系列数据，如身高、体重、三围等，至于是不是按照这些标准就能够组合出一个国色天香的美人，那倒是另当别论。

动态美是指人在动态过程中体现的风姿态度。这种美受生理遗传影响小，受

---

① 理查德·舒斯特曼:《生活即审美：审美经验和生活艺术》，彭锋等译，北京大学出版社，2007年，第184页。

后天影响大，而且难以言传（无名之美）。各人有各人的判断，它是一个人内心修养的外在表现。需要强调的是，对于人体美的评价，不同种族、不同时代的标准差异极大。就拿中国古代对于女性美的看法来说，先秦时以长白为美，魏晋时以清癯为美，唐代则以丰肥为美，如今则推崇骨感苗条之美，以致减肥成为庞大的产业。正因如此，我们今天讨论人体美，就很有必要根据时代和文化背景的差异，来谈谈不同文化族群对于人体美的看法。

（一）古代社会的人体美

远古人类如何看待人体美，目前仅能通过一些考古发现寻找线索。譬如史前时代的石雕、岩画、洞窟壁画、彩陶图案当中所表现的女性形象，往往对她们的性特征予以强调和夸大，生殖崇拜是学界习见的对于此类形象之寓意的解释。此说能否成立姑且不论，但这些形象夸张的造型无疑与后人所推崇的匀称、端庄相去甚远。

人类进入文明时代以后，因为中西方地理环境与文化背景之差异，由此对于人体美之看法也存在很大不同。作为欧洲文明发源地的希腊，冬季温和多雨、夏季炎热干燥的气候条件，为民众着单衣薄衫甚至裸露身体提供了舒适的自然环境。而航海业与商业的发达，造就了希腊人积极向外开拓的勇气，以及敢于冒险犯难的精神。各大城邦之间连绵不绝的征战，更强化了他们的尚武精神，并使得锻炼身体成为每个公民的神圣职责，而裸体参加各种体育运动也成为城邦生活中的常事。出于上述原因，古代希腊人推崇的人体美应该是身强体壮、雄健魁梧、比例匀称的，而且男女皆然。[①]有两则故事足以证明希腊人如何重视人体之美：一则是希腊神话中的美少年纳西瑟斯，因为爱慕自己在水中的倒影而不小心溺亡；另一则是荷马史诗《伊利亚特》当中所说的，美女海伦引发了两大城邦长达十年的战争，以致作为战端挑起者的特洛伊城邦，其青壮年几乎全部战死。正因为现实生活中对于人体的高度关注，自古希腊开启的在美术作品中大胆表现裸体的习惯，在后世也循为常例。

相比之下，同时期作为中华文明发祥地的黄河流域，冬冷夏热，四季分明，没能为裸体创造便利条件。加以沉重的农业生产，使得穿戴整齐，保护好身体成为必然选择。而严格的礼法观念及其所滋生的羞耻意识，更使得遮蔽身体成为立身处世的头等大事。在此背景下，先秦时期强调外表与德行要相符合，《孟子·尽心下》中有言："君子所性，仁义礼智根于心，其生色也，睟然见于面，盎于背，施于四体，四体不言而喻"。甚至内在德性的光辉可以

---

① 胡敏：《中西人体美导论》，黑龙江人民出版社，2010年，第26—55页。

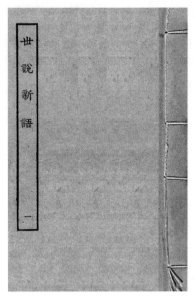

图 5-1 《世说新语》

超越、克服外表的丑陋。就像庄子在《人间世》《德充符》等篇章中提到的一系列丑怪人物，即使外貌丑陋、肢体残缺变形，但与人相处的时候也能让对方忽略他们身体上的缺陷，因为他们"德有所长而形有所忘"，充分展现出各自的人格魅力。

魏晋时期，士大夫中间人物品藻大为盛行，成为一种社会风气。这时的人物品藻并不像东汉那样看重人物的经学造诣和道德品行，而是着重于人物的风姿、风采、风韵。且看《世说新语·容止》（图 5-1）中的几则例子：

> 时人目王右军[①]，飘如游云，矫若惊龙。
> 海西[②]时，诸公每朝，朝堂犹暗。唯会稽王[③]来，轩轩[④]如朝霞举。
> 嵇康身长七尺八寸，风姿特秀。见者叹曰："萧萧肃肃[⑤]，爽朗清举。"或云："肃肃如松下风，高而徐引"。山公曰："嵇叔夜[⑥]之为人也，岩岩[⑦]若孤松之独立，其醉也，傀俄[⑧]若玉山之将崩"。

从上述例子可以看出，对于人体动态美的评价，除了重视面目表情，还兼顾步法、步态、速度、幅度等多种要素。

洎乎晚清民初，各种新式思想蜂拥而至。废除女性缠足、束乳的举动，因带有妇女解放的积极意义，使得女性身体成为社会舆论的焦点。而关于女性人体艺术之合法性的争议，更是长达十年之久。事件发端于 1916 年夏天，上海图画美术学校的学生在作业展览会中陈列人体习作，引起了社会强烈的不满，而民众的反应也是"莫不惊诧疑异，随甚迷惑，第隐忍而不敢发难"。[⑨]此后争端又被屡

---

① 王右军：即王羲之。
② 海西：即海西公。晋司马奕，兴宁三年立为帝，无道，被大司马桓温废黜，封海西公。
③ 会稽：浙江绍兴；会稽王：晋简文帝司马昱。
④ 轩轩：仪态轩昂，标致拔俗。
⑤ 萧萧肃肃：形容人风度潇洒、严整。
⑥ 山公：即山涛。嵇叔夜：即嵇康，字叔夜。
⑦ 岩岩：高大威武的样子。
⑧ 傀俄：巍峨，形容山高峻的样子。
⑨ 刘海粟：《人体模特儿》，载沈虎：《刘海粟艺术随笔》，上海文艺出版社，2001 年，第 30 页。

屡挑起，反对者包括个人、媒体和政府，直到1926年官方判定上海美专暂缓使用人体模特儿，并对刘海粟处以50元罚款，事件才算基本平息。

回顾20世纪初期的那场争论，反对者是从"有伤风化"的角度对模特儿现象横加指责，而以刘海粟为首的艺术家阵营则认为这其实是新旧道德之间的冲突，艺术中的裸体不仅是纯洁的，而且是"美中之至美"。那些斥责人体艺术的言行，其实是礼教的余毒和卫道士的虚伪。[①]总而言之，借由那场争论，作为新文化运动骨干力量的艺术家们，实现了对于国人身体意识的早期启蒙。类似的争议在20世纪80年代又再度出现，不过很快就烟消云散，毕竟时代背景和社会心理已经发生巨大转变，由此也就预示着一个人体艺术全面发展的时代即将到来。

（二）现代社会的人体美

现代社会的人们如何看待人体之美，大体上从以下几个方面可见端倪：

1. "人体艺术"风靡一时

曾有学者指出，在消遣经济时代，闲暇和不劳而获是身份和地位的象征；在劳动经济时代，劳动光荣的观念经过国家意识形态的宣传后深入人心；在消费经济时代，消费和时尚成了地位和能力的象征，成了人们从事生产劳动的理由和动力。我们觉得，这样一种经济形态的更替，同样影响到人们对于人体美的评价。因为，在当下这样一个消费经济时代，我们发现人体居然也可以借"艺术"的名义来包装、重塑，也可以仅凭外在形象就可赚取可观的经济利润。由此，也催生出现代社会一些特有的"人体艺术"，譬如人体摄影、人体彩绘等。

（1）人体摄影短暂流行。

20世纪90年代，人体摄影由80年代拼凑外国作品转向完全"国产化"，那就是中国影人拍摄中国模特儿的出版物大量涌现。此后，又有一些人到影楼去拍摄裸体照片，以图留住自己的青春倩影，甚至一度成为时尚。

（2）人体彩绘后来居上。

所谓人体彩绘，又称文身彩绘，也就是在光滑的皮肤上，用植物颜料绘出各式图案，或薄如蝉翼，或柔如丝绸，具有特殊的美感。一般来说它不伤害皮肤，也不怕水洗，无疼痛感，色彩鲜艳，图案多变，而彩绘的过程也简单易行，先在作画处打底，然后用一种植物颜料涂在皮肤上，待干后，再涂上一层颜料，使之慢慢渗透到皮肤表层，这样就可以用各种颜料作画了，画面颜色最多可保持一个

---

① 吴梦园：《从"美育"思想再论民国"人体模特儿"事件》，《美术研究》，2018年第4期。

月的时间，便会淡化消失。近年很多人体彩绘活动多半与商业活动联系紧密，以致有批评者指出：商家热衷于搞人体彩绘，实际上不过为了打响知名度。

2. 整容成为时尚

与人体艺术的繁荣不相上下的，则是近些年整容在中国的长足发展。整容技术风靡全球，而这当中尤以韩国为甚。面对举国流行的整容热潮，韩国导演金基德率先进行了反思，他所执导的电影《时间》尤显深刻。

《时间》的剧情是这样的：世喜和智宇是一对相恋已经两年的爱人，两年的时间让世喜总是怀疑智宇已经厌倦了她，随时可能会离她而去，因此她对出现在智宇身边的任何女人都感到恐惧和愤恨。为了摆脱这种状况，世喜决定去整容，把自己整成另一副样子，重新成为智宇的女友。她以为，这样智宇就会恢复曾经恋爱的激情，自己也就能回到美好的爱情的起点，重新享受爱情（找回失去的恋爱时光）。然而，事情远远超出了世喜的预料，整容成了一系列错误的开始。当世喜以另一个人的样子重新进入智宇的世界后，她发现了一个尴尬的问题：智宇根本不爱现在的世喜，他心里只有从前的她。世喜是应该为此感到庆幸，还是应该感到痛苦？无论如何她已经变不回原来的"我"了。更严重的是，智宇知道真相后，作为报复也去整了容，并从此消失。世喜则在寻找和焦虑中逐渐陷入疯狂，最终绝望。

很显然，整部电影的剧情基本上是围绕"面孔"展开，世喜改变了面孔，同时也改变了全部生活。金基德说，我希望能通过这部影片反映出整容手术如何对一段情感关系造成影响。因为在韩国整容已经形成了一项庞大的产业，越来越多的韩国人希望借助整容变成另外一副样子，而不再是他自己，在美国等其他一些国家也是如此，我觉得对此不能再保持沉默。

现代整容技术的出现，使得人在控制和修改自己的面孔方面比以往要容易很多。我们应科学理性地对待整容，但其也暴露人存在的虚无本性——人无法如其所是地存在，总是在用他者的眼光看待自己、要求自己，试图成为他者欲望的完美对象，其本身是空洞的。

（三）短视频中的"身体美学"

法国哲学家鲍德里亚曾经指出：身体关系的组织模式反映了社会关系的组织模式，当代社会的身体被商业所挟持，"在消费的全套装备中，有一种比其他一切都更美丽、更珍贵、更光彩夺目的物品……这便是身体"。[1]而短视频的迅猛发展，则为更多的人展示自己的身体提供了平台。短视频中身体呈现的具体路径

---

[1] 鲍德里亚：《消费社会》，刘成富、金成钢译，南京大学出版社，2014年，第120页。

主要有三类：形体展示、动作展示、才艺展示。

1. 形体展示：重新定义人体美

多年前，学者科恩曾不无忧虑地感慨："我们的时代是一个痴迷于青春、健康和肉体之美的时代。"电影、电视等可视媒体不厌其烦地向人们强化这一教条。等到消费文化甚嚣尘上的当今，"毫无羞耻感地展示身体"[①]甚至成为日常生活的常态。于是，健身、戏水、化妆、跳舞、时装表演……无论是公众场合还是私下场景，均成为短视频展示人体的窗口。

按照消费文化的逻辑，化妆品、美容、健身和各种休闲方式，都是塑造身体之美的手段。但在自媒体时代，借助各种技术，这种"塑造"似乎轻松得不费吹灰之力。美颜、瘦脸等功能极大改变了人所呈现的形象。

2. 动作展示：挑战各种"不可能"

商业资本与现代媒体的融合，不断地敦促和诱导人们走到户外，去挑战人体的各种"不可能"。飞车、攀岩、登山、滑雪、蹦极，以及各种高难度动作，充斥于自媒体短视频中。即便当中有些动作并不具有观赏性，但因它将人体潜能开发到极致的高难度性，也能引来很多追随者。

挑战高难度体育运动且获得成功的人，总会引来围观者的欣羡与赞叹，它多少折射出时人对于暴力美学的内在推崇。但是，自媒体短视频的参与者主体，多为没有任何体育特长或运动技能的平民。因此，短视频更乐于呈现的并不是成功者的辉煌，而是失败者的尴尬——或许这样更能营造出上佳的喜剧效果，尤其是当这种失败并不会对人体造成伤害的时候。

3. "才艺"展示：无深度的戏仿

在短视频界，人们在海量的作品面前，再高的才艺展示也难免被后来者所超越。在此情形下，反其道而行之——不苛求才艺展示，而注重如何搞怪，反倒能赢得围观者的点赞。譬如，歌舞才艺展示之类视频，除了极少数表演者有多年的舞蹈功底，并能展示一些高难度动作，大多数人只是以其动作与情境之间强烈的冲突性来制造笑点。借用巴赫金的话来说，此举其实是把正常进行的事宜转换为"令人丌心的降格游戏和玩笑的对象。首先从虔诚和严肃性(从'对神祇的敬畏的不断发酵')的沉重羁绊中，从诸如'永恒的''稳固的''绝对的''不可变更的'这样一些阴暗的范畴的压迫下解放出来"。[②]行为与情境的强烈反差，带来的并不是社交上的尴尬与窘迫，反而是欢快自由的喜剧效果。

短视频中不计其数的戏仿作品，往往因为奇特的造型、夸张的动作，以及非

---

① 迈克·费瑟斯通：《消费文化中的身体》，载汪民安、陈永国：《后身体：文化、权力和生命政治学》，吉林人民出版社，2011年，第284页。

② 巴赫金：《拉伯雷研究》，李兆林、夏忠宪等译，河北教育出版社，1998年，第97页。

常到位的表情，成为可以媲美原作甚至超越原作的佳品。无数网友围绕相同题材争相炫技的举动，既显示了互联网世界众声喧哗的狂欢特质，也为喜剧生产贡献了无穷智慧。

二、行 为 美

行为美指人在日常交往中行为举止的美，包括语言美和行动美。行为美有三个特点：

（一）规范性

人际交往的行为举止很讲究规范，但这一规范是在历史上约定俗成的，而非由某个政府或个人提倡制定的，人若逾越了这一规范便是失礼。如：人与人之间要相互问候，这是古往今来约定俗成的，表现了人与人之间的相互关切和尊重。但相互问候通过什么样的方式表现出来，在各个时代和不同民族之间可能有很大差异。如中国古代，士大夫之间抱拳互道"久仰""幸会"；帮会也是抱拳，比如武侠作品中所描述的场面；普通老百姓则是问候"你吃了吗？"而在西方，人们互相问候的方式也多种多样，主要有握手、拥抱和亲吻等。

需要指出的是，从表面上看，问候更多地侧重形式，不必深究其内容，比如"你吃了吗"这句话。但因这种形式来自传统的积淀，所以在简单的形式背后往往又有复杂的社会内容，比如握手，苏联的学者曾经考证说，握手的最初含义是表示消除前嫌，它起于公元前十世纪的古希腊。当时的希腊地跨爱琴海两岸，牧民们经常因争夺牧场而发生纠纷，相互扔石头、打架。若纠纷平息，则双方见面时将双手举起，表明手中没有石子，后来就演变为握手相见。这一问候方式至今已有三千年了，其内涵也逐渐丰富：初次见面握手，表示友好；误会消除之后握手，表示捐弃前嫌；而领导人的握手有时甚至会关乎国家与民族命运，值得史学家大书特书。这些说明握手这一规范的生命力也极为顽强。"规范性"要求一方到另一方那里要入境随俗，否则会闹出笑话，甚至引起争端。

（二）分寸感

分寸感表现在遵循行为规范方面要适度。比如耐心倾听别人说话、在别人安静时不要喧哗、不要追问别人不愿讲的秘密等。古人所说的"长幼尊卑有序""男女有别"，大致就是这方面的意思，这也体现了交往的分寸感。现在似乎各行各业都很重视这种"分寸感"，甚至有人专门来教别人一些社交礼仪。

（三）习惯性——"第二天性"

人对行为规范的遵守都是后天培养出来的，这是一个从不自觉到自觉的过程。家长的言传身教很重要，必须让孩子很小的时候就懂得人与人之间行为要规范，其原因是人与人之间要相互尊重，这样，孩子长大后才会有良好的行为习惯，所以古人才会说："养不教，父之过"。西方称这种后天养成的习惯是"第二天性"（"第一天性"为生理需要），马斯洛称之为"似本能"。

严格地说，行为美其实更侧重于道德评价。但当这种道德通过一种具体的行为方式展现出来时，便为审美评价提供了可能。

三、人 格 美

（一）人格的概念

"人格"（personality）一词源于拉丁文"persona"，它的本意是"面具""脸谱"，喻指"人的社会角色"。

人格从伦理学观点看是人的品格，从心理学的观点看则是人的个性，它包括先天素质（生物学水平）和后天教养（文化学水平）两大方面。俄国生物学家巴甫洛夫就曾说："个性是先天素质和后天教养的合金。"

先天素质也叫生理素质、气质。按西方生理学分法，气质分为四种：多血质、黏液质、胆汁质和抑郁质。气质本身是中性的，在道德上无所谓善恶，在审美上无所谓美丑。每一种气质都很难分出高下，没有取得价值属性。但一旦与后天教养结合，形成个性特征，就有美丑善恶之分，就取得了价值属性。如：同样是多血质，有的人热情有朝气，有的人则浅薄、华而不实；同样是抑郁质，有的人沉稳忠厚，有的人却工于心计。

通常情况下，人格可分为三个层次：

1. 自然人格

自然人格是人的物质的、生理的、生物学的层次，作为动物的人，是自然物。所以西方先贤给"人"下定义时，最后的中心词都要落到动物。如亚里士多德："人是政治的动物。"富兰克林："人是社会的动物。"马克思："人是制造和使用工具的动物。"人既为动物，就有物质需求（这种生理性需求是天然合理、需要尊重的），即感性人格。所谓"食色，性也"是就自然人格而言的。但人身上除保留了动物性（自然人格），还具有社会性。《孟子·离娄》篇云："人之所以异于禽兽者几希，庶民去之，君子存之。"这是儒家提出的人格修养理论，强调人与动物有区别，不能只讲自然人格。

2. 现实人格

人总要从自然人格提升到现实人格，社会对个体有需求，个体也产生社会需求，如人际交往、自我发展等，与他人发生联系，就会有社会规范，由此就产生了道德伦理。

3. 理想人格

人不能仅仅满足于现实条件、现实人格，否则就会成为冷冰冰的现实主义者，甚至可以发展成蝇营狗苟的势利主义者。这种人格是不高尚的，人们应该追求理想人格。

在中国，理想人格的标准是"圣人"，"圣人"以下是"君子"，"君子"是准"圣人"，"君子"的优点在于能把道德的"他律"变为"自律"。道德是讲规范、讲"当然之则"，能把这种"他律"的"当然之则"变成对自己的"当然之则"，就是"君子"。如《论语·为政》中"七十而从心所欲，不逾矩"，"不逾矩"就是不超越社会规范，将社会规范与心中所想统一起来，由他律过渡到自律，这就是"君子"。

在西方，人们把理想人格称为"自由人格"。康德说："位我上者，灿烂的星空；道德律令，在我心中。"这句话在他死后成为他的墓志铭，其大意是说，头顶上是灿烂的星空、宏伟的宇宙，人活在世上虽然渺小，但若能把道德律令当作自己的"绝对命令"（即不计利害、不论得失，一切都按"绝对命令"行事），这样人和宇宙便一样伟大和不朽。这可以说是康德式的"天人合一"，他把这种境界称为自由人格，也是由道德他律达到道德自律。其实中国也有此思想，人活在世上，应"俯仰无愧怍"，上对得起天，下对得起地，中对得起"人"。

（二）什么是人格美

人格美是体现在重大社会性行为，特别是特殊情境中的人格价值（个性价值）。何谓"重大社会性行为"？泰山崩于前、泰坦尼克号沉没、海啸爆发……凡是在这样的特殊情境中能表现出处变不惊、大无畏的精神，都可归于人格美的行列。

人格美也体现在如何处置内心冲突，如哈姆雷特，一方面要推翻国王、重整乾坤，另一方面又顾虑重重、优柔寡断。他的内心冲突是因为他是一个人文主义者，不相信暴力，不相信群众，靠自己孤军奋战，结果抱恨死去。

从历史上看，人格美的意识要建立在人格自觉的基础上。所谓人格自觉，也就是个性自觉，明白自己和他人都有独立的人格价值。西方的人格觉醒是文艺复兴带来的历史文化成果，西方史学家把文艺复兴称为"人的发现"，因为这场运动提出人权和个性解放，反对神权和中世纪的禁欲主义，把人的个性从神学束缚下解放出来。莎士比亚就曾在《哈姆雷特》中借哈姆雷特之口赞美人是"宇宙的精华，万物的灵长"（the beauty of the world, the paragon of animals!），充分肯定了人的价值。这可看作欧洲人格觉醒的标志。18世纪，启蒙主义者进一步阐述了人与人之间"自由、平等、博爱"的思想，提出"天赋人权"的观念，遂形成每个人都有自己的人格价值和人格尊严的意识，从而提出了人格美。

中国历史上的人格自觉则发生于魏晋时期，由此形成魏晋人格、魏晋风度。魏晋之前的汉代，从高祖到文景之治，一直采取黄老思想，还算比较开放。自汉武帝"罢黜百家，独尊儒术"之后，即带来了思想钳制的危机。当时书生分成两种，一种是"经学家"，思想比较古板。另一种则从政，是通过当时"以道德取贤才"的选举制度而提拔上来的。当时的选举制度要经过三环节：秀才、孝廉（乡一级）→品藻（州府一级）→征辟。这一选拔人才的方式人为因素很大，因而出现了一大批为升官发财而沽名钓誉、弄虚作假的"乡愿"。当时民谣讽刺他们是"举秀才，不知书；察孝廉，父别居"，这种道德也是一种伪善的道德。

东汉末年的黄巾起义冲击了"大一统"的思想，也冲击了虚假的道德规范，带来了魏晋时期人的觉醒，由此使得魏晋风度的形成正当其时。他们的言谈举止主要有以下特点：

1. 魏晋名士推崇不拘小节

魏晋名士强调"率情任性"，强调真性情，即真实的自我。魏晋名士中有两位最被后人所称道，他们是阮籍和嵇康。此二人皆以不拘小节、行为放荡为特色。如《世说新语》载：

> 阮籍当葬母，蒸一肥豚，饮酒二斗，然后临诀。直言"穷矣"！都得一号，因吐血，废顿良久。[1] （《任诞》9）

这篇短文写的是阮籍如何对待他母亲的葬礼。按照周礼，他在这时是不能吃

---

[1] 废顿，昏厥。

荤、不能喝酒的。但他不管这些，他要用自己的方式来表达对母亲的真情，"举声一号"就表现了他的率情任性。因为当时的礼法已丧失了它的真精神，变成了阻碍生机的桎梏，甚至被用作锄杀异己的工具（如曹操就曾以"败伦乱俗，讪谤惑众，大逆不道"的罪名杀了孔融）。所以阮籍要把道德的灵魂重新建筑在真情和直率之上，摆脱陈腐礼法的外形。宗白华说他是"拿鲜血来灌溉道德的新生命"。阮籍所追求的礼数是一种"礼为情设"的礼数，这种饮酒纵乐而非阿谀逢迎的举动，其实就是为了与强权保持距离，由此维持人格的独立性。

2. 魏晋人非常推崇人的人格力量

> 谢太傅盘桓东山时，与孙兴公诸人泛海戏。风起浪涌，孙王诸人色并遽，便唱使还。太傅神情方王（旺），吟啸不言。舟人以公貌闲意说（悦），犹去不止。既风转急，浪猛，诸人皆喧动不坐。公徐云："如此，将无归。"众人即承响而回。于是审其量，足以镇安朝野。① （《雅量》28）

谢太傅——谢安是东晋名士，有领袖风度。这篇文章表现了他在冲突情境中的人格器量。他胆识过人、临危不惧，有强大的精神力量，淝水大捷正是植根于谢安这大美的人格和风度之中的。

3. 有执着的人生追求

魏晋人这种强大的精神力量，不独表现在"谢安泛海"，也表现在嵇康的从容赴死：

> 嵇中散临刑东市，神气不变，索琴弹之，奏广陵散，曲终曰："袁孝尼尝请学此散，吾靳固不与，广陵散于今绝矣。"② （《雅量》2）

嵇康是著名诗人、学问家、音乐理论家和演奏家，"竹林七贤"之一。他反对司马氏"以孝治天下"的伪善道德，自称是"非汤武而薄周孔"之人，结果在四十岁时被司马昭以"无益于今，有败于俗，乱群惑众"的罪名杀害。嵇康的人格力量不仅表现在其视死如归的英雄本色上，更表现在他对艺术的钟情上。

从以上几则材料可以看出，魏晋人格表现了一种不计荣辱、不计得失的人生态度，表现在生活中就会显得很超脱。如：

---

① 孙，孙绰；王，王羲之；遽，恐惧；承响，接着话头说。
② 袁孝尼，当时名士；靳，吝啬。

阮公邻家妇有美色，当垆沽酒。阮与王安丰常从妇饮酒。阮醉，便眠其妇侧。夫始殊疑之，伺察，终无他意。　　　　　　　　（《任诞》8）

但是他们都有一种对事业的追求，可谓既有超脱的态度，又有入世的精神。表面上放浪形骸、饮酒纵乐，背后却是对人生的执着、对生命的强烈眷恋与欲求。他们之所以破坏礼教，实为相信礼教，反对有人借礼教之名行不义之事。宗白华称之为"超世入世"，朱光潜则提出"以出世的精神，做入世的事业"。

【思考与练习】

1. 如何评价现代社会对于人体美的重视和追逐？

2. 如何看待行为美在当代遭遇的"道德困境"？

3. 在这个价值观多元化的时代，我们该如何看待人格美？

【延伸阅读书目】

1. 陈醉：《裸体艺术论》，中国青年出版社，2011 年

2. 岳晓东：《追星与粉丝——揭秘偶像崇拜中的心理效应》，机械工业出版社，2012 年

3. 刘大杰：《魏晋思想论》，上海古籍出版社，1998 年

4. 舒斯特曼：《身体意识与身体美学》，程相占译，商务印书馆，2011 年

第六章 自然美：「五岳归来不看山，黄山归来不看岳」

一、自然美的研究历史

二、自然美的形态

三、自然美的要素

四、自然美的特征

五、自然美举隅——黄山之美赏析

"五岳归来不看山，黄山归来不看岳。"古人所说的这番话似有偏爱黄山之美、看低五岳之美的意思。其实此说略显偏颇，因为自然界的美景向来是"各美其美，美美与共"的。我们平常所说的"自然美"，含义其实有两种：一是指客观自然界乃至整个宇宙的事物或现象的美，此时"自然"作为名词；一是指崇尚自然、追求本色的美学风格，也就是那种"清水出芙蓉，天然去雕饰"的美，此时"自然"作为形容词。我们这里所讨论的自然美，主要是指第一种含义。

一、自然美的研究历史

自然美在中西方曾经走过不同的历程，背后所反映的其实是人与自然之间关系的差异。

（一）自然美在西方

西方美学界在18世纪之前多半是轻视甚至否认自然美的，古希腊人审美的主要对象是人或神化了的人，人是他们的审美中心。但自然美作为人的活动背景，偶尔也被提及。有人曾统计，在荷马史诗《伊利亚特》中，对社会性物品的审美评价有493次，对人和神的审美评价有374次，而对植物世界的审美评价才有9次。

中世纪在罗马基督教的统治下，神取代了一切。基督教有一种主张，认为自然界的景物是魔鬼的化身。自然界的美景能唤醒人的情欲，那是恶魔在作怪。所以在西方中世纪，自然美没有位置。

文艺复兴后，在"人的发现"的同时也开始尊重自然景物之美。代表人物是意大利14世纪诗人彼特拉克，他的诗常常写到自然景物。但文艺复兴时代依然没有完整的风景诗，风景依然是人事的陪衬。

到了17世纪，荷兰的绘画才开始采用自然界为题材。当时的画家对自然发生兴趣，也有社会原因。荷兰刚刚摆脱了西班牙的统治获得独立，取得胜利的资产阶级对那些为天主教堂服务的圣像画失去兴趣，因此产生了许多表现人和自然

图 6-1　雷斯达尔《埃克河边的磨坊》

美的绘画。当时有影响的风景画主要有伦勃朗的《三棵树》（1643）、雷斯达尔的《埃克河边的磨坊》（图 6-1）和霍贝玛的《并木林道》，但是这种单纯的风景画在当时少而又少。

　　到了 18 世纪末，英国湖畔派诗人以及以歌德、赫尔德、席勒等人为首的"狂飙突进"运动的先锋，才开始歌颂大自然，写了一些风景小诗，特别是歌德的风景诗（也有人称之为自然诗）表现了自然美，如《萨森海姆之歌》《五月节》等，此后也出现了山水画派。由此可见，西方文艺界、美学界对自然美的欣赏是比较晚的。

　　因为文艺作品中很少大力表现自然界的美景，理论上的研究也就比较缺乏。西方有不少美学家为他们缺少自然美的传统而惋惜。1930 年，英国美学家李斯托威尔在他的《近代美学史评述》中说："十分遗憾，自然美的研究至今仍然是我们美学史上很不完备的一章。"20 世纪 80 年代，法国现象学美学家杜夫莱纳也曾指出："不幸的是，在有关自然的审美性质问题上，我们几乎没有专家，没有传统。"

西方自然美研究薄弱的原因何在？从表面上看，西方人普遍认为只有人和人的生活才可能有理想的美。莱辛就曾说："理想指一种美的完备而典型的形态，只存在于人的领域，自然中无所谓理想。"这里的"理想"其实就是精神或"灌注生命于物质"的灵魂。可见，莱辛是从精神表现的多寡这一角度来肯定人的美、否定自然美的。此后，康德也说："只有人才具有美的理想，美的花朵、美的家具、美的风景要说有理想是不可能的。"

总之，西方美学界普遍认为审美与艺术的中心是人，艺术美就是艺术表现的人的生活的美。由此造成西方的一个传统：重视艺术而轻视自然。这一观点发展到黑格尔，他认为"自然美是属于心灵的那种美的反映。它所反映的只是一种不完全、不完善的形态"。近代美学家如意大利的克罗齐则认为："自然只有对用艺术创作观点来看待它的人来说才显得美。"

（二）自然美在中国

相对于西方人对于自然美的轻视甚至忽视，在中国美学史上，自然美（山水之美）却是很完备的一章，中国历来有重视自然美的传统。孔子云："知者乐水，仁者乐山"（《论语·雍也》），这是中国先秦典籍中最先出现的关于山水之美的言论。

中国先秦思想家们认为：宇宙间本存在美，宇宙按其自然法则不断运转，产生、创造新的生命。这是一个"生生不息"的大过程，[1]这一过程有节奏、有秩序，这种节奏、秩序给人的感受就是美。庄子云："天地有大美而不言，四时有明法而不议，万物有成理而不说。"（《庄子·知北游》）[2]孔子则说："天何言哉？四时行焉，百物生焉。天何言哉！"（《论语·阳货》）都肯定了天地之大美、无言之美。由此可见，国人历来认为天地本身就美，而且是大美，要靠人去体悟、把握它。

当然，中国人也并非从诞生的那一天起就已用审美的态度面对自然，中国人对天地山川之美的欣赏有一过程，可分为三个阶段：

1. 远古致用阶段

在原始社会，人们对动植物的爱好，大都是从实用方面来考虑的，它们都是生产活动的对象和成果，人们还不能把它们与生产过程分离开来作为独立的观赏对象。如：属于新石器时代仰韶文化的半坡彩陶，以动物形象和动物纹样居多。那种装饰化、抽象化的鱼纹陶盆，说明处于那个历史阶段的原始人对他们食物的

---

[1]《周易》："天地之大德曰生"。
[2] 明法，明显的规律；成理，既成理则。

重要来源——鱼有着多么深厚的感情。也说明这一时期的人们基本上是以是否"致用"来衡量自然事物的美与丑的。

2. 先秦"比德"阶段

进入殷周之后，随着生产力的发展和劳动产品的增多，人们不再拘泥于从实用即物质功利的观点来对待自然物了。而是把它们同人们的精神生活、道德观念联系起来，作为善的一种象征，这样就进入"比德"阶段。

所谓"比德"，就是把自然物比附于人的道德品质，然后做出评价。这实际上是把自然物作为人的道德品质的象征来加以欣赏。孔子是"比德"观点的代表，他认为"知者乐水，仁者乐山"，但智者何以乐水？仁者何以乐山？关键还在于山水与人的道德品质之间的联系。比如，水滋润万物而无所私，似德；它所到之处给万物带来生机，似仁……它有深有浅，浅可流行，深者不测，似智。总之，观水可感受到君子的美好品德。此后，其在《管子》《孟子》《荀子》中，以及刘向、董仲舒等人的著作中都有阐发。

又如，屈原《橘颂》对橘树的质朴无华、坚挺独立、傲霜不凋的特征作了极生动传神的描绘，其实也是以此借喻人的高尚情操。

总之，自然美欣赏中的比德思想源远流长、影响巨大。表现在绘画中就有所谓"四君子"梅兰竹菊（宋代）、"岁寒三友"松竹梅，松竹梅兰所形成的意象就具有道德象征的意味。然而，把自然物比附于人的道德情性，实际上是把自然物拟人化了，自然物本身尚未获得独立的审美价值，由此也就进入了第三阶段——"畅神"阶段。

3. 魏晋南北朝"畅神"阶段

东汉末年，士林隐逸成风，发展了田园游赏，终在晋宋之际形成自然美的大觉醒。其标志是山水诗画艺术的兴起。

山水诗由东晋大诗人陶渊明的田园诗发其端，由刘宋的诗人谢灵运开其宗。在陶渊明的诗中，自然事物只是一个恬淡怡人的环境，如"采菊东篱下，悠然见南山"表现的是人与自然融于一体的和谐的审美境界。而谢灵运的山水诗已把山水作为独立的审美对象，并使山水诗的地位超过玄言诗。他们均已超出"比德"的范围。

与他们同时的刘宋画家宗炳（375—443）同样也脱开了山水比德的范围。宗炳曾在江西做官，到处旅游。晚年腿脚不便，遂在家画山水，挂在室内墙壁上自我欣赏，美其名曰"卧游"。还要"对画动操，欲令众山皆响"（操，弹琴）。宗炳在他著名的山水画论《画山水叙》中指出：人们对自然美的欣赏，都以"应目会心为理"。"应目"，指拿视线接触；"会心"，指要从内心加以体悟、领略，由此方可达到"神超理得"。"神超"，即使精神获得超越解放，去体悟自然之理——"理得"。宗炳认为,从"应目会心"到"神超理得",是欣赏自然美的两大步骤,前者是经验性的,后者是超越性的,即得到精神上的满足。

宗炳还进一步指出:"应目会心""神超理得"的最终结果是"畅神","神之所畅,孰有先焉!"(还有比它更高的美吗?)此时的自然物就成了精神阐发的手段,"畅神"表明自然物已获得了独立的审美价值。从此以后,中国人对于自然界的态度,虽然不会完全摆脱实用和"比德"观念的影响,但更多的时候是以审美的态度来面对自然。由此可见,"畅神"审美观的提出不仅是自然事物独立审美价值确认的标志,也是中国人自然美审美自觉的标志,由此出现了山水诗画。

中国人对自然美审美自觉发生得如此之早,原因何在?

最根本的一条:从文化传统看,中西方在人和自然的关系上采取了完全不同的态度。西方人也懂得人要适应自然,但更强调的是对自然的征服与改造。所以西方强调"人工之美",即对自然事物加工改造而求得美,而自然美本身的价值被推到幕后。中国人也懂得要对自然进行征服改造,但更强调人要顺应自然、要与自然建立起一种亲和关系("天人合一")。中国人对待自然是用乐天知足的态度,把自己摆放在自然里面,觉得彼此尚能默契相安,所以引以为快。陶潜的"众鸟欣有托,吾亦爱吾庐""平畴交远风,良苗亦怀新"诸句最能代表这种态度。中国人还认为山水有灵,"山灵"可以为人禳福祛祸,自秦始皇起就有"封禅"之仪。

中国人之所以一贯重视和自然的亲和关系,一方面是由于中国很早就进入农耕社会,对自然条件充分依赖,对自然事物的变化极度敏感,另一方面也因为中国人形成了特有的宇宙观和自然观。中国人认为,整个宇宙表现为宇宙生命,"大化流行,生生不息",它是一个生长、发展、死亡、复生长、复发展、复死灭的永恒流转的过程。人作为与天地并生的"天地之心",也参与了宇宙生命的运行。由此我们要以抚爱万物的态度去观赏自然界的美。也正因为如此,自然物与人的情思即可沟通,能够"化景物为情思""一切景语皆情语",在自然事物上寄托自己的人生体验,使人与自然和谐相处成为一种人生理想,这就是中国人在自然美的欣赏中所追求的"天地与我并生,而万物与我为一"(《庄子·齐物论》)的境界。

由此可见,由欣赏自然美所催生出的山水诗画,是最能代表中国文化的部分。日本的山水画家东山魁夷就曾说:"谈论中国风景之美,同时也就是谈论中国民族精神之美。风景之美不仅意味着自然本身的优越,也体现了当地民族的文化、历史与精神。"当然,这里的"风景之美"不限于天然的自然景观,也包括了艺术中的自然景观。

二、自然美的形态

自然美是复杂的，它的存在形态也是千变万化的。它经常同社会美、艺术美紧密地联系在一起，因而有时甚至分不清它们各自的属性。通常情况下，可以将自然美分为三类：

（一）原生态的自然美

如日月星辰、飞瀑流泉、黄昏落霞等，它们都没有经过人类生产实践的改造，但仍作为人类生产生活的积极背景而存在。类似的还有云南玉龙雪山（图6-2）、西西里岛埃斯特纳火山、南极岩峰、科罗拉多大峡谷、阿拉斯加冰川以及阿尔及利亚贝尼阿巴斯沙丘等，它们都因为自然条件较为恶劣，曾经是或现在依然是人类足迹所难以到达的地方，故能保持它们原生态的自然美。

玉龙雪山位于云南省丽江市玉龙纳西族自治县境内，是中国最南的雪山，也是横断山脉的沙鲁里山南段的名山，北半球纬度最低的大雪山。它南北长35公里，东西宽13公里，共有十三峰，主峰扇子陡峰海拔5 596米，在碧蓝天幕的映衬下，像一条银色的玉龙在作永恒的飞舞，故名玉龙；又因玉龙雪山的岩性主

图6-2　云南玉龙雪山风光

要为石灰岩与玄武岩，黑白分明，故又被称为"黑白雪山"。

玉龙雪山以险、奇、美、秀著称。其气势磅礴，造型玲珑秀丽。随着节令和气候变化，时而云雾缠裹，雪山乍隐乍现，似犹抱琵琶半遮面的美女神态；时而山顶云封，似乎深奥莫测；时而上下俱开，白云横腰一围，另具一番风姿；时而碧空万里，群峰如洗，闪烁着晶莹的银光。即使在一天之中，玉龙雪山也是变化无穷。凌晨，山村尚在酣睡，而雪山却已早迎曙光，峰顶染上晨曦，朝霞映着雪峰，霞光雪光相互辉映；傍晚，夕阳西下，余晖山顶，雪山像一位披着红纱的少女，亭亭玉立；月出，星光闪烁，月光柔溶，使雪山似躲进白纱帐中，渐入甜蜜的梦乡。每当春末夏初，百花斗艳，云南八大名花无不具备，仅杜鹃花就有40多种；林木苍郁，以松而言从下到上，分布着云南松、华山松、云杉、红杉、冷杉等。清代纳西族学者木正源曾形象地归纳出玉龙十二景，即：三春烟笼、六月云带、晓前曙色、暝后夕阳、晴霞五色、夜月双辉、绿雪奇峰、银灯炫焰、玉湖倒影、龙早生云、金水璧流、白泉玉液。

历史上的玉龙雪山是纳西族及丽江各民族心目中一座神圣的山，纳西族的保护神"三朵"就是玉龙雪山的化身，至今丽江还举行每年一度盛大的"三朵节"。唐朝南诏国异牟寻时代，南诏国主异牟寻封岳拜山，曾封赠玉龙雪山为北岳。元代初年，元世祖忽必烈到丽江时，曾封玉龙雪山为"大圣雪石北岳安邦景帝"。

或许正是因为地方习俗和闭塞的交通条件的双重约束，才能使玉龙雪山在很长的历史时期保持其神秘的原始状态，直至1995年丽江开始大力发展旅游业之后，原有的宁静才被彻底打破，尤其是雪山索道的建设，使得既有的原生态遭到不少破坏。

（二）与人文景观结合的自然美

1. 因人工建设而成名胜

这类景观如三峡大坝，改变原来三峡地貌"高峡出平湖"；又如在戈壁、沙漠中人工开辟的绿洲；此外还有浙江的千岛湖（图6-3）。

千岛湖位于浙江省淳安县境内，是1959年为了建造我国第一座自行设计、自制设备的大型水力发电站——新安江水力发电站而拦坝蓄水形成的人工湖。千岛湖景区总面积982平方公里，其中湖区面积573平方公里，因湖内拥有星罗棋布的1 078个岛屿而得名。蓄水成湖之后，千岛湖也相应拥有了丰富的自然风景资源：其一，碧波浩瀚，湖水清澈。千岛湖汇水区域达10 442平方公里，千岛湖水质良好，平均达到国家Ⅰ类水质标准。其二，千岛百姿，港湾幽深。千岛湖中大小岛屿形态各异，群岛分布有疏有密，罗列有致。群集处众岛似连非

图 6-3　浙江千岛湖风光

浙江千岛湖
风光

连，湖面被分隔得宽窄不同、曲折多变、方向难辨，形成湖上迷宫的特色景观，更有百湖岛、百岛湖、珍珠岛等千姿百态的群岛、列岛景观；岛屿稀疏处，湖面开阔、深远、浩渺，宛如海面。湖湾幽深多姿，景色绚丽多彩。其三，植被丰富，森林繁茂。森林覆盖率达 95%，有"绿色千岛湖"之称，并在 1986 年 11 月被原林业部批复为国家森林公园。千岛湖风景区植物种类非常丰富，有维管束植物 1 824 种，其中属国家重点保护植物的树种有 20 余种。景区还保存比较完整、面积较大的阔叶混交林区及千亩田、磨心尖的植物分布群落等，都是组织植物景观、植被考察和开展专项旅游的特色资源。其四，动物繁多，景观独特。千岛湖的野生动物有数千种。湖岛环境不仅很适宜野生动物的生长、繁殖和引种，而且可以发展以动物为主题的岛屿或景点。其五，溪谷峰岩，交相辉映。千岛湖景区地貌景观丰富，石灰岩、丹霞地貌、薄层灰岩、花岗岩……其组合变化，多姿多彩。其中石灰岩地貌景观有千岛湖石林、桂花岛、羡山等七处；丹霞地貌如屏峰岩两侧的"腰子石""飞来石"等，是"两江一湖"内唯一具有观赏价值的"丹霞地貌"景观。由于地质构造运动，还形成了许多独具特色的山峰、峭壁、岩石、峡谷景观，如石柱源、全朴溪、二十五里青山，尤以仙人潭、金坳幽谷最具特色。

总之，千岛湖现有的多姿多彩的各类自然风景，显然与人工建设联系密切。

2. 因文化设施而成名胜

泰山因石刻、封禅等取得历史文化内涵，可视为民族文化的象征；九华山（图 6-4）、峨眉山等成为佛教圣地。

图 6-4　安徽九华山风光

　　九华山古称陵阳山、九子山，因有九峰形似莲花，唐天宝年间改名九华山。位于安徽省青阳县境内，西北隔长江与天柱山相望，东南越太平湖与黄山同辉，是安徽"两山一湖"（黄山、九华山、太平湖）黄金旅游区的北部主入口、主景区。景区规划面积 120 平方公里，最高峰海拔 1 342 米，中心位置九华街地理坐标为东经 117，北纬 30。

　　九华山主体由燕山期花岗岩构成，以峰为主，盆地峡谷、溪涧流泉交织其中。山势嶙峋嵯峨，共有 99 峰，其中以天台、天柱、十王、莲花、罗汉、独秀、芙蓉等九峰最为雄伟。十王峰最高。主要风景集中在约 100 平方公里的范围内，有九子泉声、五溪山色、莲峰云海、平冈积雪、天台晓日、舒潭印月、闵园竹海、凤凰古松等。山间古刹林立，香烟缭绕，古木参天，灵秀幽静，素有"莲花佛国"之称。九华山现存寺院 99 座，佛像 6 000 余尊。著名的寺庙有甘露寺、化城寺、祇园寺、旃檀林、百岁宫、上禅堂、慧居寺等，收藏文物众多。

　　九华山开辟为大愿地藏王菩萨道场，成为一千多年来僧侣及大众的朝圣地，缘起于新罗国僧人"金地藏"的修道故事。传说新罗国（位于朝鲜半岛南端）王子金乔觉（696—794）24 岁时削发为僧，于唐玄宗开元年间来华求法，经南陵等地登上九华，于山深无人僻静处，择一岩洞栖居修行。当时九华山为青阳县闵员外属地，金乔觉向闵氏乞一袈裟地，闵员外不假思索、慷慨应允，此时只见金乔觉袈裟轻轻一抖，不料展开后竟遍覆九座山峰。这使闵员外既十分诧异，又大开眼界、叹未曾有，由静而惊，由惊而喜，心悦诚服地将整座山献给这位"菩萨"，并为持戒精严、艰苦修行的高僧修建庙宇。唐至德二载（757）寺院建成，金乔觉有了修行道场和收徒弘法的条件。金乔觉由此威名远扬，许多善男信女慕名前来礼拜供养。连新罗国僧众闻说后，也相率渡海来华随侍。闵员外先让其子拜高僧为师，随后自己亦欣然皈依、精进修行。金乔觉驻锡九华，苦心修炼数十载，唐贞元十年（794），于九十九岁高龄，跏趺示寂。其肉身置函中经三年，仍"颜色如生，兜罗手软，罗节有声，如撼金锁"。根据金乔觉的行持及众多迹象，僧众认定他即地藏菩萨化身，遂建石塔将肉身供奉其中，并尊称他为"金地藏"菩萨。九华山遂成为地藏菩萨道场，由此名声远播、誉满华夏乃至全球，逐渐形成与五台山文殊、峨眉山普贤、普陀山观音并称的地藏应化圣地。

3. 因神话传说、名人题咏、摩崖石刻而成胜地

黄山有黄帝炼丹的传说，巫山神女峰有传说，桂林漓江山水因有历代文人题咏而秀甲天下，这类景观都是因神话传说、以题咏或摩崖石刻而闻名天下的。

需要说明的是，因为中国地大物博、历史悠久、风景秀丽，所以我们会常常见到一些故事、传说黏附于名胜古迹。而在一些风景名胜之地，此类现象愈发明显，比如"西湖民间故事""桂林山水传说"等。单是西湖的来历，就有着许多优美的神话传说和民间故事，其中一则是这样说的：

> 相传在很久很久以前，天上的玉龙和金凤在银河边的仙岛上找到了一块白玉，他们一起琢磨了许多年，白玉就变成了一颗璀璨的明珠，这颗宝珠的珠光照到哪里，哪里的树木就常青，百花就盛开。但是后来这颗宝珠被王母娘娘发现了，王母娘娘就派天兵天将把宝珠抢走，玉龙和金凤赶去索珠，王母不肯，于是就发生了争抢，王母的手一松，明珠就降落到人间，变成了波光粼粼的西湖，玉龙和金凤也随之下凡，变成了玉龙山（即玉皇山）和凤凰山，永远守护着西湖。

号称"天下第一奇山"的黄山，也有着很多美丽的传说，其中不少是围绕着猴子观海（图6-5）、梦笔生花、仙人晒靴、飞来石、仙人指路、仙人翻桌、蓬莱三岛等著名景点来展开的。姑举其中一例：

> 猴子观海也叫猴子望太平，猴子为何要望太平？这里面有个故事：以

图 6-5　安徽黄山·猴子观海

前太平县城里，有一个村子叫仙源村，村中有一户叫赵德隆的书香人家。女儿名叫掌珠，生得聪明美丽。离仙源村不远的黄山北海深处有一个洞，洞里住着一只灵猴，它在山中修炼了三千六百年，会三十六变。一天，灵猴见到掌珠生得俊俏，顿生爱慕之心。灵猴就变成一个白面书生，自称是黄山寨主孙广文的公子孙俊武，他于傍晚来到赵家门前，以天色已晚为由，要求借宿一夜。赵家老夫妇见他长得俊秀，衣着华贵，斯文有礼，便信以为真，高兴地留他住宿，并设宴招待。酒饮三杯后，孙公子便向老夫妇陈述对于掌珠的爱慕之情，央求纳为婿，发誓侍奉二老颐养天年。老夫妇一听这甜言蜜语，心中非常喜悦，而掌珠对才貌双全的孙公子也早有八分喜欢。经与女儿商量，次日一早，老夫妇回了孙公子的话。孙公子听了欢喜若狂，差点露了原形。灵猴回洞，思念掌珠心切，急忙把大小猴子都变成人，组成了一支浩浩荡荡的队伍，去仙源村赵家迎亲。掌珠被抬到洞府，只见陈设富丽，宾客满座。夜深宴席散尽，孙公子被宾客拥入了洞房。一觉醒来，掌珠发现孙公子长了一身绒毛，大吃一惊。原来，孙公子酒醉，现出了猴子原形。掌珠非常恼恨，乘灵猴烂醉熟睡之机，向外逃走，直奔家中。灵猴酒醒后，知道自己露出了原形，惊逃了掌珠，便喝令众猴出洞寻找，追到山下芙蓉岭，也不见新娘的影子。灵猴自从失去了掌珠，朝思暮想，但又没有妙计可施，只得每天攀上洞后的悬岩，坐在石上，朝着东北方向的太平县仙源村呆呆地望着。年深月久，便变成了黄山如今这一石景。

有时候，即使是一些并不知名的景点，也会有一些相关的故事与传说，在《蛇精的传说》这本书当中，就收集了关于安徽芜湖几大景点之由来的传说：①

　　传说在古时候，芜湖（也许那时还叫于湖或鸠兹城）大多数地方是一片水草繁茂的沼泽地。忽然一天，一颗流星砸在了城里，顿时间，整个城市发生了剧烈的震动，城里的百姓个个被吓得惊恐万状，以为天要塌了。当时，在城里赭山脚下住着一户石匠，这石匠手艺超群，加上做人老实所以生意红火。石匠有两个女儿，双双出落得唇红齿白，虽年方十几却已是芜湖城顶呱呱的大美女且孝敬父母、勤劳善良，提起石匠家的两个女儿，远近闻名，个个竖起大拇指。这天，石匠家来了一个老头，老头拿出一块大石头要请石匠的两个女儿把石头磨成一颗珠子。石匠接了石头，正想问个清楚，却见老头化作一缕青烟不见了。

　　出现如此奇怪的事情，石匠一家受惊不小，却也不敢向左邻右舍说出去，两个女儿善解人意，看出父母为此事烦恼，便接了石头认真打磨起来。就这样，一连磨了四十九天，两个姑娘的肚子却一天天鼓了起来，像是有孕在身一般，这可急坏了石匠一家，在那个年代，未嫁人的姑娘出现这样的事情，传扬出门，真是名誉扫地，生不如死了。

　　正在石匠家焦头烂额束手无策之时，那个送石头来的老头又在一阵青烟里神奇地现身了。这次老头是实话实说了，原来那块石头是女娲补天时留下的补天石，历经千万年早已得道，只因看上了芜湖这个地方，特想下凡来逛一逛。这时，只见老头拿出两粒红豆说是给两个姑娘消肚子的。在无奈的情况下，两个姑娘只好各吞了一粒。当夜，两个姑娘各人产下一枚晶莹的珠子，而且两个珠子落地就会说人话，直把两人左一个娘亲右一个娘亲喊得亲热。

　　这一年，干将莫邪在芜湖赭山（赤铸山）造剑。火炉山上架的大火炉每日每夜火焰飞腾，方圆几里，包括赭山都被熏得红热。加上老天长年无雨，天灾人祸，直把小小的芜湖城旱了个底朝天，百姓颗粒无收，

---

① 芜湖市文化局、芜湖民间文学工作者协会：《蛇精的传说》，安徽文艺出版社，1986 年。

生存困难。见此光景，两颗神珠按捺不住了，向母亲说出了化身救民的想法。第二天，两人带着两颗神珠来到了赭山脚下的两个泉眼旁。母子四人抱头痛哭，又相互说着日后保重的话，两神珠更是久久跪在地上，感谢两人的养育之恩，如此几番才依依不舍洒泪告别。最后，两神珠纵身跳进两个干枯的泉眼里。转眼间，那两个泉眼变成了大小两口水塘，清汪汪，荡起一道道水纹，似乎是神珠在向善良的两人微笑着。

这两口水塘就是后来的大小陶塘。后来，宋朝的张孝祥在塘边读书，高中了状元（"于湖状元"，二街旁边状元坊因此得名），他捐田百亩又扩建了两口水塘，挖出的土据说就堆起了今天的范罗山。张孝祥一心为民，更有一颗爱国之心，后随岳飞英勇抗金。

文人题咏对于风景名胜的宣传也起着很重要的作用，比如安徽宣城的敬亭山（图6-6）。该山位于宣城市城北的水阳江畔，原名昭亭山，晋初为避晋文帝司马昭名讳，改称敬亭山，属黄山支脉，东西绵亘百余里，大小山峰60座，主峰名一峰，海拔317米。历代文人的题咏对敬亭山扬名至关重要。

例如，南齐诗人谢朓对于敬亭山有着"兹山亘百里，合沓与云齐，隐沦既已托，灵异居然栖"（《游敬亭山》）的描绘；唐代李白先后七次登临此地，他写敬亭山的诗有四十五首，其中《独坐敬亭山》成为千古绝唱：

安徽宣城
敬亭山风光

图6-6　安徽宣城敬亭山风光

众鸟高飞尽，孤云独去闲。相看两不厌，只有敬亭山。

随着谢、李诗篇的传颂，敬亭山声名鹊起，直追五岳。此后，唐代白居易、杜牧、韩愈、刘禹锡、王维、孟浩然、李商隐、颜真卿、韦应物、陆龟蒙，宋代苏东坡、梅尧臣、欧阳修、范仲淹、晏殊、黄庭坚、文天祥、吴潜，元代贡奎、贡师泰，明代李东洋、汤显祖、袁中道、文徵明，清代施闰章、石涛、梅清、梅庚、姚鼐等，以生花妙笔，为敬亭山吟诗写赋，绘画做记，寄情山景，抒发胸怀。据初步统计，历代咏颂敬亭山的诗、文、记、画数以千计，以致该山被称为"江南诗山"，饮誉海内外。历代文人名士的题咏，使得一处本来其貌不扬的风景，变成众人争睹的胜地。

（三）艺术作品中的自然美

以自然美为对象的艺术品，有山水诗画、风景摄影等。自然界中的山水，可能本不甚美，但经艺术家的加工却能"化腐朽为神奇"。如沙漠（图6-7），表现在画中苍凉豪放；表现在诗中，"大漠孤烟直"，雄浑宽广。

又比如，老舍先生《济南的冬天》里有这么一段话：

一个老城，有山有水，全在天底下晒着阳光，暖和安适地睡着，只等春

图6-7 沙漠风光

风来把它们唤醒,这是不是个理想的境界?小山整把济南围了个圈儿,只有北边缺着点口儿。这一圈小山在冬天特别可爱,好像是把济南放在一个小摇篮里,它们安静不动地低声地说:"你们放心吧,这儿准保暖和。"真的,济南的人们在冬天是面上含笑的。

济南的冬天真的有那么温暖舒适吗?来自南方的读者恐怕是不大认同的。所以,这更像是"艺术真实",它与"生活真实"尚有一段距离。

三、自然美的要素

当我们面对一处自然风光,所看到的并不局限于单条河或单棵树,而是目光所及之处所有的山川河流、飞潜动植,乃至在这一区域出没的日月云雾。因此,自然美其实是多种审美要素的综合体,大体说来,应包含以下几类要素:

(一)形状美

自然事物的造型千奇百怪,常令人发出鬼斧神工的感慨。例如云南境内的路南石林(图6-8)景观,既有众石组成的宏大场面,例如乃古石林的"古战

图6-8 云南昆明·路南石林

场"，李子箐石林的"石林胜景"；也有两个以上相对称的石峰构成的景，如"双鸟渡食""母子偕游""骆驼骑象""梁祝相送""孟母训子""依依惜别"等景点；还有独石成景的著名"阿诗玛""唐僧""万年灵芝""祝员外寻女""象居石台""石钟"等。石林的景观随着观赏角度变化，也是移步景换。例如李子箐石林中有一石峰：站在高处平视时，看到的似是一对夫妻在握手诉说离别情意，男的身着盔甲，女的背着孩子，形态真切，遂取名"喜相逢"；沿游路只下一个小坡，站在松林边仰视时，这块奇石成了一只长着长长大鼻子的大象、背上驮着一只单峰骆驼，从树林中向外行走。瞬间的转换无不让游客觉得神奇。

（二）色彩美

自然界色彩之绚烂，莫过于盛开的鲜花。有的赤红如血，有的洁白如玉，有的黄似橙橘，有的浓黑如墨。坊间流传的世界十大花海，即法国普罗旺斯薰衣草园、日本北海道花海（图6-9）、荷兰郁金香花海、保加利亚玫瑰谷、中国青海门源油菜花、印度向日葵园、中国台湾大溪花海农场、荷兰阿姆斯特丹雏菊花海、美国卡尔斯班花海、英国伍斯特郡贝德利镇罂粟花海，虽不无包装宣传的成分，但其美不胜收的场景，总会吸引无数的画家、摄影家和游人前来观赏。

（三）声响美

与形状的千姿百态、颜色的绚丽多姿相映成趣的是，自然界的声音也非常神奇。春天的小雨"沙沙沙，沙沙沙"，夏天的暴雨"噼里啪啦"。燕子来了，"叽

日本北海道
花海

图6-9　日本北海道花海

叽喳喳";天气炎热，"知了，知了"叫个不停。秋风吹过，树叶"哗啦啦"地落下来了，大雁排成人字形，"嘎嘎嘎嘎"地往南飞去。冬天来临，北风"呼呼"地吹过，人们走在积雪的路面，脚底发出"嘎吱，嘎吱"的声音……普通人受到生活条件的限制，对声音了解很有限，其实，自然界的声响远比我们了解的要复杂许多、美妙很多，要不然，我们也不会用"天籁"这个词来形容声音之动听。

（四）流动美

说到自然界的流动之美，最为显著的莫过于崇山峻岭之间的云雾奇观。单就泰山而言，最为壮观的当是云海。

泰山云海（图6-10）多出现于大气层结较稳定的冬季和雨雾较多的夏季。冬季当有冷空气沿偏北路径东移时，山东地区持续刮偏东风，黄渤海上的潮湿空气随着偏东气流回流到泰山周围，遇到较冷的下垫面逐渐凝结为大面积的低云。这种云厚度不大，云顶高度往往低于1 500米，而泰山海拔在1 545米左右，山顶上的游人处于云顶高度以上，所以能看到一望无际的浩瀚云海。尤其是在玉皇顶和碧霞祠一带观云海时，在金碧辉煌的古建筑衬托下，沿悬崖峭壁飞升的云雾，酷似大海岸边的激浪，此时耳闻松涛阵阵，目睹云海奇景，真有人间天上之感。

而在七八月份，每当雨后初晴，大量水汽蒸腾，生成的云雾被控制在大致相同的高度时，游人若步行攀登泰山，过了中天门，步入斩云剑、云步桥，如入仙境，有腾云驾雾之感。达玉皇顶，俯瞰下界云海，恰如奔腾的海洋，晴日所见低山皆被云海淹没，屈指可数的山峰露出云顶，似海中仙岛时隐时现，游者飘飘欲仙，真乃

泰山云海

图6-10　泰山云海

"地到天边天作界，山登绝顶我为峰"。如果云海恰在日出或日落时分出现，在变幻无穷的阳光映照下，云海披上一层五彩霞光，那壮丽的景色更加令人陶醉！

四、自然美的特征

（一）以形式胜，其内容（情意）朦胧、多义、不确定

前面我们讲社会美，知道社会美更侧重于内容，要求美善结合。与社会美相比较，自然美虽然能在一定程度上反映人类社会生活，有某种暗示、象征、寓意的作用（这正是自然美的内容所在），但是，这种反映带有很大程度的不确定性，人们可以这样欣赏，也可以那样欣赏。例如：暴风雨，它摧枯拉朽、涤荡污秽，以其气势之美，可以象征革命。高尔基的《海燕》呼唤："让暴风雨来得更猛烈些吧！"但暴风雨带来的洪水常给人们的生产生活造成巨大损失，这是于人有害的一面，成了让人望而生畏的凶恶之物，"洪水猛兽"让人唯恐避之不及。

尽管自然美的寓意是不确定的，自然美的形式却很清晰具体，既不模糊又不笼统。这种情况使得人们在欣赏自然美时，往往对于它所间接反映的社会生活内容忽略不顾，而把注意力集中在它的形式方面：色彩、声音、线条、形状、质料……这些自然美的形式压倒了它所反映的社会生活内容，成了好像与内容无关的相对独立的形式美。且看几个自然美美在形式的例子：

在无机界，桂林漓江的水很清澈，美不胜收，然而它的成分却是 H_2O。臭水沟的死水，也是 H_2O 组成的，却令人生厌。可见，水之作为自然美，主要在于形式。

在有机界，如植物，它的自然美往往也表现在形式上。罂粟花很美，然而果实却有毒。博落回因花色绚丽、风韵娇媚而称誉花坛，但它也有毒。

作为有机界万物之灵的人，其存在于自然形态的美，也偏重于形式。历史上的妲己相貌是美的，灵魂却是丑的。这种丑，就是偏重于内容的社会丑。这种美，就是偏重于形式的自然美。

正因为自然美侧重于形式，所以人们在欣赏时可以从各个角度关注其形式，并发挥自己的联想。正所谓"横看成岭侧成峰，远近高低各不同"。

（二）自然物因时空条件的多变，具有形式的可变性

大自然生生不息，自然美也是不断变化、层出不穷。如宋代郭熙的《林泉高

图 6-11　安徽滁州·琅琊山醉翁亭

致》云，山有四时不同，"春山烟云连绵人欣欣，夏山嘉木繁荫人坦坦，秋山明净摇落人肃肃，冬山昏霾翳塞人寂寂"。自然界气象万千、森罗万象、瞬息万变，它给人的感受也时时不同。

与此相似，欧阳修在《醉翁亭记》（图 6-11）中所写琅琊山，"若夫日出而林霏开，云归而岩穴暝，晦明变化者"，写的是山间景色早晚的差异；"野芳发而幽香，佳木秀而繁阴，风霜高洁，水落而石出者"，则是山间景色四季的不同。

（三）某些自然物因为与人的多重关系而具有美丑两重性

同一件事物具有美丑两重性，这在社会美中并不多见，在艺术美中倒有一些，例如有些艺术形象外表丑而灵魂美，或者外表美而灵魂丑。但是人们对它们的评价还是一定的，丑就是丑，美就是美。

唯独在自然美中常出现美丑两重性，同一对象各人会有不同评价。如老虎，苛政猛于虎、笑面虎，这里的"虎"都是邪恶的象征，人们对它的评价是丑；而将门出虎子、虎头虎脑、虎头鞋等词中的"虎"又成为威严、壮美的象征，人们对它的评价是美。可见老虎既有赞誉，又有骂名。

老鼠亦然，如民间有"老鼠成亲"的年画，齐白石画中也有可爱的老鼠，《夜静鼠窥灯》中的老鼠极为机灵。但在大多数情况下人们还是憎恶老鼠的，它毁人财物传播瘟疫，所以"过街老鼠，人人喊打"。

又如柳絮，李白《金陵酒肆留别》中"风吹柳花满店香"，表现出很热烈的氛围。而杜甫《漫兴》中"癫狂柳絮随风舞，轻薄桃花逐水流"，给柳絮以否定性评价。

自然事物的美丑两重性何以产生？是因为它的外在形式与人的利害关系发生交叉。倘若形式联系于有益于人、至少是无害于人的一面，自然物就是美的。倘若形式联系于有害于人的一面，自然物就是丑的。总之，美丑两重性是自然物的自然属性（决定了外观形式）与社会属性交叉的结果。如：老虎，作为食肉动物一般不吃人，但吃人们豢养的家畜则是常事，这是它凶残、于人有害的一面；但是，如果老虎于人无害时，它也显得富有阳刚之美，它的皮毛很漂亮，杏黄底起深褐色花纹，而且纹路是有力量的折线，更别说爪牙、吼声、动作……这样它才成为森林之王。不过人们要欣赏老虎的美，必须与它的实际利害相隔绝，如拍成录像等。

五、自然美举隅——黄山之美赏析

黄山位于安徽省南部黄山市，为三山五岳中的三山之一，中国最美的、令人震撼的十大名山之一。黄山 1985 年入选全国十大风景名胜，1990 年 12 月被联合国教科文组织列入《世界文化与自然遗产名录》，是中国第一个同时作为文化、自然双重遗产列入名录的。

黄山（图 6-12）经历了漫长的造山运动和地壳抬升，以及冰川和自然风化的作用，才形成其特有的峰林结构。黄山群峰林立，素有"三十六大峰，三十六小峰"之称，主峰莲花峰海拔高达 1 864 米，与平旷的光明顶、险峻的最高峰天都峰一起，雄踞在景区中心，周围还有 77 座千米以上的山峰，群峰叠翠，有机地组合成一幅有节奏旋律、波澜壮阔、气势磅礴的立体画面。

黄山有"天下第一奇山"之美称，集各名山之长：泰山之雄伟，华山之险峻，衡山之烟云，庐山之飞瀑，雁荡山之巧石，峨眉山之清凉。明代旅行家、地理学家徐霞客两游黄山，赞叹："登黄山天下无山，观止矣。"黄山可以说无峰不石，无石不松，无松不奇，并以奇松、怪石、云海、温泉四绝著称于世。其二湖、三瀑、十六泉、二十四溪相映争辉。春、夏、秋、冬四季景色各异。黄山还兼有"天然动物园和天下植物园"的美称，有植物近 1 500 种，动物 500 多种。

现对黄山四绝简介如下：

图6-12 安徽黄山风光

（一）奇松

黄山绵延数百里，千峰万壑，比比皆松。黄山松，它分布于海拔800米以上的高山上，以石为母，顽强地扎根于巨岩裂隙（图6-13）。黄山松针叶粗短，苍翠浓密，干曲枝虬，黄山松千姿百态，或倚岸挺拔，或独立峰巅，或倒悬绝壁，或冠平如盖，或尖削似剑。它们有的循崖度壑，绕石而过；有的穿罅穴缝，破石而出；忽悬、忽横、忽卧、忽起，"无树非松，无石不松，无松不奇"。过去曾有人编了《名松谱》，收录了许多黄山松，可以数出名字的松树成百上千，每棵都独具美丽、优雅的风格。

（二）怪石

黄山"四绝"之一的怪石，以奇取胜，以多著称。已被命名的怪石有120多处。其形态可谓千奇百怪，令人叫绝。似人似物，似鸟似兽，情态各异，形象逼真。黄山怪石从不同的位置，在不同的天气观看情趣迥异，可谓"横看成岭侧成峰，远近高低各不同"。其分布遍及峰壑巅坡，或兀立峰顶或戏逗坡缘，或与松结伴，构成一幅幅天然山石画卷。

奇松

图 6-13　奇松

图 6-14　金鸡叫天门

　　黄山千岩万壑，几乎每座山峰上都有许多灵幻奇巧的怪石，其形成期约在 100 多万年前的第四纪冰川期，黄山石"怪"就怪在从不同角度看，会有不同的形状。站在半山寺前望天都峰上的一块大石头，形如大公鸡展翅啼鸣，故名"金鸡叫天门"（图 6-14）；但登上龙蟠坡回首再顾，这只一唱天下白的雄鸡却仿佛摇身一变，变成了五位长袍飘飘、扶肩携手的老人，被改冠以"五老上天都"之名。黄山峰海，无处不石、无石不松、无松不奇。奇松怪石，往往相映成趣，比如位于北海的"梦笔生花""喜鹊登梅"（"仙人指路"）"老僧采药""苏武牧羊""飞来石"等。据说黄山有名可数的石头就达 1 200 多块，大都是三分形象、七分想象，从人的心理移情于石，使一块冥顽不灵的石头凭空有了精灵跳脱的生命。因此，大家欣赏时不妨充分调动自己的主观创造力，可获更高的审美享受。

（三）云海

自古黄山云成海，黄山是云雾之乡，以峰为体，以云为衣，其瑰丽壮观的"云海"以美、胜、奇、幻享誉古今，一年四季皆可观，尤以冬季景最佳。依云海分布方位，全山有东海、南海、西海、北海和天海；而登莲花峰、天都峰、光明顶则可尽收诸海于眼底，领略"海到尽头天是岸，山登绝顶我为峰"之境地。

大凡高山，可以见到云海，但是黄山的云海更有其特色，奇峰怪石和古松隐现云海之中，就更增加了美感。黄山一年之中有云雾的天气达 200 多天，水汽升腾或雨后雾气未消，就会形成云海，波澜壮阔，一望无边，黄山大小山峰、千沟万壑都淹没在云涛雪浪里，天都峰、光明顶也就成了浩瀚云海中的孤岛。阳光照耀下，云更白，松更翠，石更奇。流云散落在诸峰之间，云来雾去，变化莫测。风平浪静时，云海一铺万顷，波平如镜，映出山影如画，远处天高海阔，峰头似扁舟轻摇，近处仿佛唾手可及，不禁想掬起一捧云来感受它的温柔质感。忽而，风起云涌，波涛滚滚，奔涌如潮，浩浩荡荡，更有飞流直泻，白浪排空，惊涛拍岸，似千军万马席卷群峰。待到微风轻拂，四方云慢，涓涓细流，从群峰之间穿隙而过；云海渐散，清淡处，一线阳光洒金绘彩，浓重处，升腾跌宕稍纵即逝。云海日出，日落云海，万道霞光，绚丽缤纷。

（四）温泉

黄山"四绝"之一的温泉（古称汤泉），源出海拔 850 米的紫云峰下，水质以含重碳酸为主，可饮可浴。传说轩辕黄帝就是在此沐浴七七四十九日得返老还童、羽化飞升的，故又被誉为"灵泉"。

【思考与练习】

1. 中国人对自然界的审美态度经过哪些转换？试举例说明。

2. 举例分析自然美的形态有哪些？

3. 试析自然美的特征。

【延伸阅读书目】

1. 李泽厚：《美的历程》，生活·读书·新知三联书店，2009年

2. 陈建一：《西湖民间故事》，浙江摄影出版社，2009年

3. 俞金花、陈剑飞：《诗画黄山》，安徽人民出版社，2006年

第七章
艺术美：「于天地之外，别构一种灵奇」

一、什么是艺术品

二、艺术美的内涵

三、艺术美的特征

四、艺术美举隅

艺术是什么？伟大的英国学者贡布里希在他享誉世界的巨著《艺术的故事》中，开篇就说："实际上没有艺术这种东西，只有艺术家而已。"[1]确实，一代又一代的艺术家，以他们卓绝的才情和超人的智慧，不断拓展着艺术的疆界，也由此带来艺术观念的日新月异。而无数理论家的热烈讨论，又使这一问题变得更加扑朔迷离。在当前的电子媒介时代，要想回答艺术是什么，似乎更显艰难。

根据我们的日常经验，"艺术"应该是指创造和欣赏艺术作品的活动。它包括三个环节：作家（艺术家）↔艺术品↔大众。艺术品是艺术家创造的终端成果，其目的是让大众欣赏。对大众来说，艺术品是起点，一部作品问世之后，大众按照自己的期待视野来理解作品，于是作品就有了大众反馈的信息，这又会反过来影响作家的创作。可见，艺术品是作家与大众共同创造的。然而，艺术品到底是什么？

一、什么是艺术品

什么是艺术品？如果不加细想，觉得这问题很简单。仔细想一想，艺术与非艺术的界限究竟在哪里呢？特别是现代生活的发展，使得审美因素渗透到人类的各项活动之中，以致更难区分这二者的界限。此前我们已经举过很多这方面的例子，不再重复。我们想强调的是：艺术与非艺术的界限终究还是能分清楚的。艺术品必须具备以下两个条件：

首先，艺术品是人工制品而不是自然物。"艺术"这个词，无论在西方还是中国，一开始就同人的制作和技术紧紧联系在一起。古拉丁语的"艺术"（ars）与希腊语中的"艺术"（technic），其含义都不是今天的独立"艺术"，而是指各种工匠的技术或技能。中国古代的"艺"字在甲骨文中形如一个人跪在地上、捧着一株禾苗要将其种下地，所以《说文解字》解释说："艺，种也。"由"种"又引申为人的具体技能、才能，如"六艺"（礼、乐、射、御、书、数）。因此，我们今天讨论"艺术"的概念时，就得先把非人工制作的自然物排除在外，自然物

① 贡布里希：《艺术的故事》，范景中译，生活·读书·新知三联书店，1999年，第15页。

再美也不能被称作"艺术品"。

其次，艺术品是"有意味的形式"（意象体系）。这里的"意味"，就是艺术家的主观情感。众所周知，艺术品是作家创造的意象世界，它所包含的主要不是实用或认识价值，而是情感。艺术家凭它传达情感（情趣的意象化），欣赏者则根据作品来把握、体味艺术家的情感（意象情趣化），艺术品是作家与读者进行情感交流的媒介。

综上所述，对艺术品似乎可作以下描述：凡是情感居先，其形式足以提供完整意象的人工制品，都可以称为艺术品。

二、艺术美的内涵

以前关于艺术美有一种流行的说法，认为它是作品所反映的现实美。这种说法其实是不准确的。因为艺术品不仅仅反映现实美，也反映现实丑。20 世纪 60 年代名作家黄秋耘曾说："作家不能在人民的苦难面前闭上眼睛"。可见，艺术作品也应当反映丑。

倘若艺术品只反映现实美，则艺术美与现实美等同，那又何须艺术美？何劳艺术家殚精竭虑、呕心沥血地创作？何况，艺术美无论如何妙肖自然，终不敌真的自然。总之，艺术所反映的现实美只是艺术美的一种成分。此外还有：

（一）艺术家对现实人生的反思

现实生活可谓人生百态。但在现实人生中的种种经历都具有"一过性"，来不及回味。艺术则让人记住人生美好与痛苦的时刻，对它们进行充分的品味和反思。无论是杜甫《赠卫八处士》所表达的那种世事渺茫、聚散不定的感慨，还是张爱玲所云"生命是一袭华美的袍，爬满了虱子"，抑或钱锺书笔下所写的事业、婚姻、生活的"围城"状态，都曾引起无数人的强烈共鸣。这些情形，借用朱光潜先生的话来说：希腊悲剧家和莎士比亚使我们学会在悲惨世界中见出人生的灿烂华严，阿里斯托芬和莫里哀使我们在人生乖讹中见出谑浪笑傲。没有谢灵运、陶潜、王维一班诗人，我们何曾知道自然中有许多妙境？没有普鲁斯特、劳伦斯一班小说家，我们何曾知道人心有许多曲折？[①]

---

① 朱光潜：《朱光潜全集》（第一卷），安徽教育出版社，1987 年，第 324 页。

总之，艺术家咀嚼出人生的种种意味，就在作品中表现出来，而艺术品则成为启发人生自然秘奥的灵钥，在"山重水复疑无路"时，它指出"柳暗花明又一村"。

（二）艺术创造在构思过程中增添了艺术家对人生理想的追求

人们之所以要反思人生经验，对它进行再体验、再评价，并不是为反思而反思，而是要发现人生的现实意义，要使人超越现实而进入人生的理想境界。要不然，在文艺作品中一味揭示人生的悲观与灰暗的一面，充其量只会让受众感到无助与绝望。也正因如此，艺术家常常在艺术作品中为自己悬设理想，以此反射自己对人生的体验。《桃花源记》表达的是陶渊明对理想社会生活的向往，《平凡的世界》展示的是路遥的人格理想。而不断花样翻新的言情剧、偶像剧，表达的都是人们对完美爱情的向往，虽然它们只是艺术家为普通人造的梦而已。

（三）艺术传达过程中的技巧美与形式美

在艺术传达过程中，艺术家要适应材料、征服材料、征服观众，这就要求艺术家有特定的技巧，由此也就产生了艺术作品的技巧美、形式美。同一支歌，歌唱家演唱得要远远比普通人好；同一片风景，在画家笔下和普通人笔下也是大相径庭。由"眼中之竹"到"胸中之竹"再到"手中之竹"，不难见出艺术家超乎常人的技巧。而在世间广泛流传的艺术家传记或艺苑趣闻中，也有很多故事说的是艺术家如何呕心沥血，在艺术技巧上不断地精益求精。

事实上，即使是表现丑的对象，为了实现艺术审美效果的生动性和形象性，也要在艺术技巧上历经锤炼。比如在我国传统的戏曲中，丑角有他一套特定的唱腔、身段和舞蹈动作，我们不能不承认这些唱腔、身段和舞蹈动作包含的技巧美和形式美。如：昆曲《十五贯》（图 7-1）中的娄阿鼠，形象本身是丑的，但经过著名昆曲艺人王传淞的表演，却给人以一种美的享受。又如严顺开所演的阿Q形象（见电影《阿Q正传》），把阿Q的质朴、愚蠢但有点游手好闲的性格演得穷形尽相。

需要强调的，艺术传达过程中的技巧美并不是江湖卖艺般的哗众取宠，比如近几年书法领域屡屡出现的"射书""盲书""吼书""钓书"……它们跟美和艺术没有任何关系，只是徒增笑柄而已。

总之，艺术美不等同于艺术作

图 7-1　昆曲《十五贯》剧照

品所反映的现实美，它应该是艺术作品所呈现出来的美！

三、艺术美的特征

（一）个体独创性

艺术美不是现实美的简单复制，它源于艺术家的自觉创造。用清代画家方士庶的话来说，就是"于天地之外，别构一种灵奇"（《天慵庵随笔》）。它打上了艺术家个性的深深烙印。西方美学家历来强调：艺术创造需要天才！以前曾认为这是"故神其说"，而认为人人可当艺术家。事实证明这是对天才的偏见。无论是文学领域的李白、杜甫，还是音乐领域的莫扎特、贝多芬，还有绘画领域的莫奈、凡·高、毕加索，他们都是凭借自己独特的才情，在艺术史上留下了浓墨重彩的一笔。所以，优秀作品即使可以仿制、复制，但均不能代替真品，艺术创造确需天分。艺术的独创性、个性化是艺术美创造的本质。

不容否认的是，艺术品的个体独创性在大众传播时代遭遇到前所未有的挑战，特别是影视领域跟风制作、跟风炒作的习气屡见不鲜。对于一个个话题的过度消费，最终招致的只能是观众的审美疲劳。而造成这种局面的很大原因，则是因为从业者多半都是把市场回报而非艺术价值作为自己的创作目的，甚至简单粗暴地把经济上的成功等同于艺术上的成功。

（二）虚拟的表现性

凡是艺术品，都有几分虚拟性质。如：画的色彩几可乱真，"远看山有色，近听水无声"。但画中山水是用画笔表现出来的，并非是真实存在的。诗歌、小说等诉诸语言，也是虚拟的。可以说，任何艺术品都带有虚拟性质，即使纪实性极强的摄影也是这样，是用两度空间表现三度空间。

艺术品的虚拟性还在于它要超越现实的利害情感。艺术不是原始生糙的情感的自然流露，而是要借助虚拟情境来加以表现，是"立象以尽意"。西方美学家认为：婴儿啼哭不是表现，表现一定要使情感经过意象以及意象系统（虚拟情境）来释放。所以情感正浓时不宜作诗，鲁迅就曾在《两地书·三二》[①]中说："沪案以后，周刊上常有极锋利肃杀的诗，其实是没有意思的，情随事迁，即味

---

① 写于 1925 年 6 月 28 日，"沪案"即 1925 年"五卅惨案"，因日本纱厂枪杀顾正红而起。

如嚼蜡。我认为情感正烈的时候，不宜作诗，否则锋芒太露，能将'诗美'杀掉。"可见，艺术创作确为痛定思痛之作。英国诗人华兹华斯也认为：诗歌起于人们沉静时的回想。

（三）物态常驻性

在现实生活中，自然美、社会美转瞬即逝，物是人非。如：人的美，不可能青春永驻，"君不见高堂明镜悲白发，朝如青丝暮成雪"。今夜月色皎洁，但你也无法将它保留，天一亮就没了影儿。而艺术则把生活中转瞬即逝的美景和美感传达出来，使之物态化，并超越时空进行传递。如：西周年轻人的恋爱观通过《诗经》流传下来，借助的就是语言工具；琵琶曲《十面埋伏》可以把我们带到楚汉相争的年代，感受到著名的垓下之战的激烈场面；进入信息时代，现代传递工具越来越丰富多彩，传达效能也日趋多样化了。

以上都是从艺术创作的角度来说。从接受者的角度来说，艺术品还具有可生长性。

（四）具有可生长性

艺术活动包括三个环节：作家、作品和读者，这三者是双向运动的。由艺术家创作的作品（文本Ⅰ），读者在欣赏它时赋予它以独特的理解，由此就产生了文本Ⅱ。文本Ⅱ与文本Ⅰ不可能完全重合，但读者的任务不是要不折不扣地回复到文本Ⅰ，而是要按自己心目中的理解（文本Ⅱ）去阐释文本Ⅰ。这当中就夹杂了读者欣赏的自由创造。这种自由创造也就引起了艺术品审美价值的涨落。艺术史上关于这方面的言论非常多，如：汉代董仲舒说"诗无达诂"，清代王夫之则云："作者用一致之思，读者各以其情而自得"。可以说，艺术品的魅力就在于读者的阐释！这也是艺术不同于自然科学的地方。

读者的不断阐释，带来了艺术接受中两种很有趣的现象：

一是艺术作品的价值会随着时代的发展而出现涨落。

如：《红与黑》初版时只印了750部，买的人很少；鲁迅的《域外小说集》只卖了20部。在明代，伟大的戏剧大师关汉卿被人排在元曲作家的第10位，评之为"可上可下之才"。而张若虚的《春江花月夜》，承南朝绮丽诗风，在唐宋时期并不被人赏识，到了明代中叶方为人所识。李攀龙《古今诗删》方收录此曲，胡应麟评它"流畅宛转"，清人王闿运给予其极高评价："孤篇横绝，竟为大家。"现代诗人闻一多则认为它有"夐绝的宇宙意识"（非常遥远的宇宙意识、时空观念，如"江畔何人初见月，江月何年初照人"）。而大众传媒时代出现的一些文化快餐，尽管在当时颇为受人瞩目，甚至动辄获得几亿乃至几十亿的市场回报，但往往行之不远。

二是读者可以违背作家的原意，按自己的理解赋予作品一种本来没有的含义。如：王国维论古今成大事者所经历的三种境界，"昨夜西风凋碧树，独上高楼，望尽天涯路"，"衣带渐宽终不悔，为伊消得人憔悴"，"蓦然回首，那人却在，灯火阑珊处"。分别取自晏殊《蝶恋花·槛菊愁烟兰泣露》、柳永《凤栖梧·伫倚危楼风细细》和辛弃疾《青玉案·东风夜放花千树》。

晏词写"秋日怅望"，王国维引"昨夜……"用来比喻少年立志。十四五岁的少年开始思考宇宙与人生，开始追求自己的理想。这一境况有似于"昨夜西风"句。

柳词写别后相思。王国维借用"衣带……"来比喻学问的第二种境界——立定目标之后，专一、执着。原词是"以死殉情"，王国维则以此比喻"以死殉志"。

辛词"蓦然"句写久寻不得而忽然遇见的惊喜，描写的是男女情愫。王国维借用写一个人做学问经过千回百折的历程，付出艰辛代价后而获得成功时的惊喜。

王国维借宋人艳情词来形容事业学问，他自己也觉得歪曲了词的原意。但从审美的角度来说，这种"歪曲"是允许的。因为情感是有模态的，[1]对爱情忠贞的情感模态近似于对事业忠贞的情感模态，故可用艳情词来比喻对事业人生的追求。与之类似，中国古典诗歌中有香草美人之说的传统，即以男女之恋情来比喻君臣遇合，如《离骚》。二者之所以有可比性，也因为在情致模态上的相似。

四、艺术美举隅

由于艺术传达手段及物质媒介的不同，艺术美的种类也就不同。现仅就造型艺术中的建筑、雕塑和绘画作重点阐述。

（一）建筑艺术

建筑艺术是指运用空间组合、体型、比例、尺度、色彩、质感、装饰等建筑语言来表达时代精神和社会物质文化风貌的造型艺术。[2]它有以下几个特征：

---

[1] 近代心理学认为，情感作为一种心理流，在特定的时间流程中，有特定的节奏和运动形态。

[2] 王世德：《美学辞典》，知识出版社，1986年，第569—570页。

1. 实用、稳固、美观是建筑艺术的三要素

建筑是实用性很强的艺术，它是在实用的前提下讲求美观的。早在公元前一世纪，古罗马奥古斯都王朝的军事工程师维特鲁威就提出，一切建筑物都要恰如其分地考虑到实用、稳固和美观。这就是著名的"建筑三原则"，它至今仍然保持着它的普遍有效性。诚然，从人类历史上第一幢刚具雏形的"房屋"，到今天的摩天大楼，人们在建造一座房子之前，总会提出一系列实用性方面的要求，诸如房屋大小、高矮、间数，房屋内部如何联系、如何采光、如何消防、如何通风等。

从实用考虑，建筑一定要稳固。它必须能承受漫长岁月中的风雨侵蚀，必须能抵御严寒酷暑的袭击。特别是地震、海啸、火山爆发频繁发生的地区，对建筑的稳固性要求就更高。而建筑的稳固性就依赖于它的造型及所采用的物质材料。

建筑艺术不仅要实用、稳固，还要讲求美观：一是色彩美，中国古代宫殿，多为朱红墙体、金黄色琉璃瓦，象征着皇权的尊贵与威严，北京故宫（图 7-2）便属此类。古希腊神殿，白色的大理石衬托在蔚蓝色的天宇下，圣洁肃穆色调明快，反映了城邦社会民主开朗的生活；二是具有三度空间的立体美。建筑的立体美可用视觉、触觉去把握，有很强的直观性。这就决定了它给人的立体感是直接的、现实的，因而在审美心理上就能产生一种真实感和亲切感。

需要指出的是：建筑物种类繁多、功能各异。一般的住宅、厂房建筑，实用功能胜过审美功能；而公共建筑和纪念性建筑，例如宫殿、寺庙、陵墓等，由于

北京故宫

图 7-2　北京故宫

它们的实用功能本身已不局限于物质生活，而涉及精神生活、情感生活，有的还以后者为主，所以它们的造型有明显的精神性主题，有强烈的艺术感染力，审美功能更为突出。现代科技的发达，使得一些实用建筑物也能在外在造型上求新求异，从而表达出更为强烈的象征意味和审美诉求。

事实上，即便是中国古代建筑，其功能和寓意也不是那么单一。就拿举世闻名的徽派建筑来说，清朝康熙年间歙县人程庭的《春帆纪程》曾描述了徽州村落（图7-3）的盛况："徽俗，士夫巨室，多处于乡，每一村落，聚族而居，不杂他姓……乡村如星列棋布，凡五里十里，遥望粉墙矗矗，鸳瓦鳞鳞，棹楔峥嵘，鸱吻耸拔，宛如城郭，殊足观也"。今天的游客进入徽州地界，给他们印象最为深刻的，大概应属徽州古建三绝——祠堂、牌坊、民居，以及依附其上的三雕作品。

如果深入分析徽派建筑的建造动机，肯定非常复杂。但不容忽视的却是背后所隐藏着的徽商光宗耀祖的心理。自明代开始逐渐发展壮大的徽州商人，在赚取大量的利润之后，除了用于建宗祠、修族谱、置族田、修道路以及助修书院等"义举"，还大量用于奢侈性消费。[①] 为了使光宗耀祖的效果最大化，徽州商人们必然会做出一些"高显示度"的举动。而祠堂、牌坊和民居，以其物态化的形式，能经历数百年风吹雨打而屹立不倒，显然具有"高显示度"，甚至带有纪念碑的意味——在这点上中西方建筑的营造心理似乎不无相通之处。但明清时期

图7-3　安徽村落·宏村

安徽村落·宏村

①　张海鹏、王廷元：《徽商研究》，安徽人民出版社，1995年，第441页。

的徽商，囿于封建礼法的限制（官方对于庶民房屋尺寸大小及房屋间数均有明确规定）、乡间人多地狭的现实局面，再加上农耕时代的技术条件，他们极少营造体量超常的建筑物，转而注重在内部装饰上雕绘，由明及清愈演愈烈。可即便这样，婺源黄村的百柱宗祠，仍有上百根柱子、七开间，面积达到1 200平方米，堪称明清过渡时期汉民族徽派建筑的典范。

时至今日，类似明清徽商的心理，仍然存在于不少人的心灵深处。而建造形态超常的建筑物，恐怕也是为了表达这种心态吧。

2. 建筑艺术体现了技术与艺术的完美结合

如果说实用和稳固主要依赖于技术条件，那么建筑的美观则包含了艺术的考虑在内。事实上，历史上任何成功的建筑，都是技术与艺术的综合体。如我国古典建筑，"白石台座就是房屋的基础，雕花石础是出于木柱的防潮要求，菱花窗格是为了便于夹绢糊纸，油漆彩画是保护木材的必要措施，屋顶上的仙人走兽是固定屋瓦的铁钉套子。凡是一般归于装饰方面的东西，都有它的实际用途，去掉了装饰物，也就损害了坚固和实用"。[①]

正因为建筑的美离不开建筑的实用要求和结构功能，所以建筑的美也明显受着某一时代建筑材料和科技水平的限制。现代建筑的奇特造型和大跨度空间，在古代就很难做到。

3. 建筑艺术符合美学原则

（1）建筑是凝固的音乐。

德国古典美学家谢林（1775—1854）在其《艺术哲学》一书中说："建筑是凝固的音乐。"歌德和黑格尔也很重视建筑和音乐之间的联系。这些说法究竟该如何理解呢？

建筑是静态的艺术，它以某种空间造型诉诸我们的视觉，并不像音乐那样，可以在流动的时间过程中，以音响诉之于我们的听觉。说"建筑是凝固的音乐"，是否有些牵强？

其实不然。建筑造型虽然是在空间展开的，但我们欣赏建筑时的视觉运动，却有一个时间过程。观赏建筑不像观赏绘画那样，可以通过某一固定视点，一瞬间就能大致把握画的造型，而需要用较长时间反复地看。建筑体积巨大，一眼望不到顶，一眼也望不到头；建筑不止一个立面，要绕着从各个角度去看；建筑的内部空间序列，还需要穿行其中，在行进中细细地看。这样，你的视线就是往返流动的，你得到的视觉感受就是在时间上进行连续不断的体验。

此外，一座建筑的建筑空间无论朝着哪个方向展开，无论是水平方向、垂直

---

① 王世仁：《建筑美学》，载《美学专题选讲汇编》，中央广播电视大学出版社，1983年，第333页。

方向或纵深方向，它的各个组成部分、各个建筑构件，都是有比例、有规则、有变化地排列着的。形状、体积、构件（如窗柱门洞）、线条、装饰图案，都合比例地有变化、有反复，形成一定的节奏。而优秀的建筑物，它各方面的节奏，总能归于统一。这便形成一种统一的调子、统一的旋律。而对于建筑群落（如故宫）来说，每幢建筑之间的大小、距离、空间布局，也是有比例、有规则的。当你观赏单体建筑或整个建筑群落时，你便能在一定时间过程中感受到节奏上反复多样的流动，产生音乐般的旋律感。不过这种节奏和旋律是不动的，它是凝结在砖瓦土木物质结构之中的，因此我们才称建筑为"凝固的音乐"。

我们且以长城（图7-4）为例来分析"建筑是凝固的音乐"。

我国的万里长城不以高耸见称，它是侧重水平方向展开的。作为古代的军事建筑，它有严整的体制，每一段都由带有雉堞的宽厚城墙和立方体的烽火台所组成。城墙顺山脊而筑，居高临下，随山势蜿蜒盘绕，成为多变的曲线；烽火台筑于山峰高处，有鲜明刚劲的直线。长城就这样在崇山峻岭之中一段一段地展开。每一段都以一座烽火台为标志，使你的视线获得暂时的停歇，而又引导你的视线自然向前延伸，产生有力的节奏。长城在空间上无尽的连续，展示了时间上无穷的绵延，而时空的无限，又给人以突出的崇高感，使长城成为一首雄壮的颂歌。

长城

图 7-4　长城

（2）建筑与环境的和谐美。

建筑物一旦落成，就成为人们生活环境的一部分，它除了自身的整体美，还应求得与周围环境的协调。在这方面，既有败笔，也有杰作。澳大利亚悉尼歌剧院（图7-5）就是一个杰作。

悉尼是一座海湾城市，为了在海滨建造一座歌剧院，建筑师出人意料地利用了薄壳结构（即曲面），把屋盖设计成高达50米的白色风帆，使这座剧院近观如扬帆待航的大船，远看又像浮于水面的睡莲，它和横跨海湾的悉尼大铁桥遥遥相对，被视为悉尼这座城市不可替代的象征。

我国古代许多建筑，也极重视建筑与环境的协调，往往使它和自然景观交相辉映，产生和谐美。拉萨的布达拉宫，缘山而筑，高大的宫墙峭削如壁，因而尽得山势之雄伟；江南水乡，廊屋沿河而筑，修直平远，而粉墙黛瓦、竹影荷香都临水融成一片，更觉淡雅清丽恬静怡人……可惜，我们近些年大举进行的城镇建设，有时不大注意建筑与自然景观的关系，这不但破坏了原有的自然景观，新建的建筑也因不得其地，显得刺目碍眼。

此外，建筑还得和周围的人文景观取得协调。摩天大楼林立的街道，安放一座东方式的宫殿；中国园林的小桥流水之间，突然耸出一座现代化的"玻璃盒子"，这些都有损景观的统一，显得别扭。建筑是文化历史的结晶，而具有民族特色和地域特色的古代建筑，尤其需要珍视。

悉尼歌剧院

图7-5　悉尼歌剧院

然而，近百年来，在中国的现代化进程中，或因自然原因，或因人为因素，导致不计其数的古建筑被损毁，让多少人痛心疾首却又无计可施。值得庆幸的是，从 20 世纪 90 年代开始，各地抢救、保护古建筑的力度越来越大，而且取得了不少令世人瞩目的成果。比如，徽派古建筑遗存最多的黄山市，遵循"保护为主、抢救第一、合理利用、加强管理"的方针，先后出台了古建筑保护方面的多项文件，投入了大量的人力、物力、财力，2006 年进一步下发了《黄山市徽派建筑风格保护管理暂行规定》的通知。通知中明确指出，徽派建筑风格是指以"粉墙黛瓦、马头墙"为主要外在形式，并与山水环境相和谐的建筑风格特征。其基色调为灰、白、黑，基本符号为马头墙、坡屋顶（或披檐）。文件中更强调对于徽派建筑风格实行"分区控制、分类管理"。

　　所谓"分区控制"是根据历史性、重要性、可视性的差异，按照城市、乡村、景区（点），旅游通道等区位情况划分为三类区域，分别采用不同的管理方案。

　　所谓"分类管理"，一是对现存传统建筑，要按照相关规定严格保护；二是对新建建筑，要按保持徽派建筑风貌的要求进行控制和建设；三是对非徽建筑，要按照不同区域相应的控制要求，对现有非徽派建筑逐步组织改造。

　　上述文件无疑为徽派建筑的现代传承与发展指明了方向，文件中还要求各级规划、建设行政主管部门应备有徽派民居推广型图纸，供个人建房和单位建设时选用，引导农民建设徽派风格的建筑；当然，在传承徽派建筑风格的同时，也要注重其功能与现代生产、生活方式相适应。经过多年努力，黄山市徽派建筑的保护成果已经是有目共睹。

　　总而言之，建筑与周围的环境合则双美，离则两伤，这点已经被越来越多的人所意识到，并且在城市规划与乡村振兴中予以充分重视。

（二）雕塑艺术

　　雕塑是雕和塑的合称。"雕"即雕刻，如玉雕、牙雕、石刻、砖刻等，它所用的物质材料是硬的，除玉石、象牙外，还有玛瑙、水晶等。"塑"则是用黏土、金属之类去塑造形象，它所用的物质材料通常是软的、可塑性强的，如天津泥人、秦兵马俑、唐三彩等。当然，随着现代材料科技的发展，可以用于雕塑的物质材料也越来越丰富。

　　雕和塑经常是有机结合的，因而统称为雕塑。所谓雕塑就是以雕、刻、镂、琢、凿、塑、铸为手段，以金玉木石土等为材料，去塑造具有三度空间的人体形象或物体形象，去反映生活的艺术。

　　按照造型的形式来看，雕塑一般可分为圆雕和浮雕两类。圆雕即三维雕塑，即有宽度、高度和厚度，多表现人像雕塑群、全身雕像和半身雕像，圆雕是最充分地表现了雕塑艺术种类的特点的。浮雕是平面雕塑，又有浅浮雕（如纪念币上的图案）与深浮雕（如人民英雄纪念碑上的群雕）之分。

雕塑除了具有一般造型艺术所共有的形象的物质性和具体直观性，还有它独特的艺术特点：

1. 形象的单纯性

由于物质材料的限制，雕塑的造型必须追求单纯明朗。其一，它表现为人物的单纯，常见的是个性雕塑，如毛泽东、陶行知、白求恩雕像等；也有群雕、组雕，如天安门广场人民英雄纪念碑四周的数组群雕，人物虽不止一个，但并不复杂（能看得清数得清）。其二，它还表现为动作的单纯。群雕、组雕虽有某种系列动作，但每个形象只有一个动作。其三，还有关系的单纯。单个的雕塑，只能暗示某种关系，如米开朗琪罗的作品《奴隶》，表现奴隶因不堪忍受压迫而竭力挣脱束缚的痛苦的反抗，暗示出奴隶与奴隶主之间的对立。总之，雕塑不宜表现众多的人物、复杂的矛盾，正如黑格尔所说"它就满足单纯的形象"。

2. 表现的概括性

雕塑必须舍弃生活现象中大量存在的偶然的细节，而着力选择最有特征性的最典型的东西。例如革命历史题材雕塑《艰苦岁月》（图7-6），表现了红军战士生活的艰苦。它没有描写红军正在冲锋陷阵，而是通过一老一小两个红军战士在行军途中休息时吹笛子这样一个单纯的艺术形象，来表达红军战士纵然艰苦劳累，却始终坚定地向往着美好未来这样一个崇高的主题：老战士忘情地吹奏，小战士依偎膝前，目光被乐曲引向远方，是回

图7-6 雕塑《艰苦岁月》

忆也是憧憬……这一雕塑中的两个人物所表现出来的思想内容，不亚于一幅规模宏大、人物众多的历史画。

3. 结构的完整性

结构的完整有两层含义，一是五官、身体的各部分要合比例，一是各部分的组合要合情致，也就是说雕塑艺术形象所要体现的思想情感，不仅要通过某一个部位显示出来，而且要通过整体显示出来。所以，在雕塑中，不只是表现目光，而且要表现整体，如罗丹的雕塑《欧米哀尔》（老妓）。

《欧米哀尔》（图7-7）铜像作于1885年，是罗丹根据法国大诗人维龙（1431—1489？）的诗《美丽的欧米哀尔》雕塑而成的。

图7-7　罗丹《欧米哀尔》

　　啊，残酷的衰老，
你为何把我凋零得这般地早？
教我怎不悲哀！
现在啊，教我怎能苟延残喘！

　　想当年，唉，往日荣华，
看我轻盈玉体，
一变至此！
衰弱了，瘠瘦了，干枯了，我
真欲发狂：
何处去了，我的蛾眉蝤颈？
何处去了，我的红颜金发？……

　　这柔脂般的双肩，
这丰满的乳头，
这肥润的小腹，当年啊，曾经是百战情场……

　　现在是人世的美姿离我远去，
手臂短了，手指僵了，
双肩也驼起，
乳房，唉，早已瘪了，
腰肢，唉，棉般的腰肢，
只剩下一段腐折的枯根。

　　罗丹的这座雕塑显然比维龙的诗更具有直观性。它直接诉诸视觉，具有鲜明的空间性和立体感。你看，这个老妓赤身裸体，耷拉着脑袋，在痛苦中哀思默叹，回忆她那失去的青春。她年少时的冰肌玉骨、妩媚风流，随着岁月的流逝早已荡然无存。此时此刻，显露在她面前的是无情的衰老。她肌肉松弛没有弹性，全身关节突出，只盖着一层皮，活像个骷髅。她左臂下垂精力告罄，右手张着五指横在腰后，真是不堪回首。她眷念着失去的艳丽，害怕面临的死亡。在不可抗拒的自然规律面前，她生的欲望是多么强烈啊！她依然在梦想着永恒的青春与爱情。罗丹以欧米哀尔的神情、动作及体态生动传神地展现了她内心的梦想、欲望以及对自己凋零的残年的叹息和对死亡的恐惧，给观众造成一种无可名状的惊异与震动——究竟是谁造成这一步？无怪乎观者会称它"丑得如此精美"！丑——反映的对象丑；美——传达技巧的美。

4. 静态的运动性

雕塑刻画的主要对象是有血有肉的人体。人体固然有静谧之时，但却离不开运动。因此，雕塑所刻画的人体，需要选择最富于特征意义的瞬间，这一瞬间要能显示人物内在的精神状态和思想感情，要能在静态中显示出人物形象的运动性。这种运动性主要是指表情、姿态、动作，如米隆《掷铁饼者》。即使是刻画人物形象的静谧、沉思，也要暗示出他那神情的动态美，如李大钊雕像、鲁迅雕像、蔡元培雕像，或凝重沉着，或豁达深远，无不栩栩如生，富于动态美。

（三）绘画艺术

绘画艺术是以色彩、光线等为物质材料进行构图，塑造艺术形象，反映现实生活的视觉艺术。它具有以下特征：

1. 以二度空间表现具有三度空间的事物和场景

绘画与建筑、雕塑均属于空间造型艺术，但它并不像建筑、雕塑那样具有完整的三度空间，绘画只有两度空间，它所描绘的物体只限制在平面上。这种平面材料可能是纸，可能是绢，也可能是墙壁……在这种平面上出现的物体，必须一下子显现在观众面前。

那么绘画如何表现出事物的形状、距离与界限，从而在两度空间上造出三度空间的效果呢？它主要有两种手段：一是透视，二是光线的明暗对比。

绘画中为何要运用透视法？这和人的视觉经验有很大关系。例如：当你站在林荫道上向远方观望时，就会发现两边的行道树越来越小（其实它们和你身边的树木差不多大小）；当你站在铁路上看远处的铁轨时，也会出现类似情形——两条铁轨的距离越来越窄，最后几乎重合。倘若这时候在你面前竖起一个透明平面，你在平面上照着所见事物的轮廓毫不错位地描下来，所描的图形一定是近大远小，很有纵深感。将这个透明平面换成纸或画布，就是一幅运用了透视法的绘画。由此可见，要在平面纸上表现出所见物体的立体感和空间感，让人产生身临其境的感觉，就需要运用各种透视知识来描摹物体的形象。

绘画中光线的明暗对比，同样与人的视觉经验有关。日常生活中的物体，受到来自各个方向光线的照射，但物体各个侧面所受到的光照是不均衡的，着光多的地方必然要亮一些，着光少的地方相对暗一些，这样我们才能看清物体的轮

图7-8 阿尔弗莱德·西
斯莱《莫瑞桥》

廓与体积。绘画要在平面上表现出物体的立体感，就要运用光线的明暗对比。阿
尔弗莱德·西斯莱的《莫瑞桥》（图7-8）对于透视法和光线的明暗对比之运用，
都已达到炉火纯青之境界。

2. 线条、色彩、构图是绘画艺术的特殊语言

（1）线条。

线条是绘画艺术用以构成视觉艺术形象最基本的语言。无论东方绘画还是
西方绘画，最初都是用线条造型，这已为众多原始绘画的遗迹所证明。现代所谓
"先锋艺术""前卫艺术"中的抽象绘画，即使抽象到不见物象的程度，但也一般
都有线条存在，以线条来表现情绪，比如达利所作《沉默的风》（图7-9）。

图7-9 达利《沉默
的风》

画家为何这样重视线条的运用呢？因为线条勾勒形貌，成为可视的绘画语言，而且具有情感意味，能表达艺术家精致细腻的感受和意趣。究其原因，线条具有假定性，在实际生活中，我们见到的事物均为立体存在、均有体积。所谓线，不过是事物的外缘轮廓，或面与面的交界线。绘画的线条是从中抽象出来的，它本身即含有人的创造，所以成为绘画表情达意的重要手段。正如宗白华所言：一画界破虚空，生成万象。

也由于人的普遍的生理和心理因素，线条的形状和走向具有很强的表现情感的功能。比如：水平线给人以开阔和宁静的感觉；垂直线给人以挺拔和庄严的感觉；斜线给人以倾倒和危急的感觉；有规律的曲线给人以流动、柔和、轻巧、幽雅的感觉；折线所形成的角度则给人以上升、下降、前进等方向感。线条的这种审美价值，使得画家在利用它来塑造形象时，不是形体的冷冰冰、枯燥无味的简单复现，而是将各种线条进行富有美感、富有节奏的联系，是充满活力、充满激情的再创造。

线条的运用是创造绘画美的重要因素。看线条运用是否美，首先要看它是否生动地表现了审美对象。诸如人物的外貌和精神、山水的形态和气韵、花鸟的生动和情趣等。例如，唐代名画家韩干用又细又挺拔的线条勾勒骏马的神态（图7-10），这种挺劲有力的线条恰到好处地表现了善于奔驰的骏马的特征；而另一位唐代名画家韩滉，则采用较粗拙而又滞重的线条画牛，也恰到好处地表现了牛的特征（有《五牛图》传世）。表现同类事物，由于画家用线风格不同，也会产生不同的效果。南北朝时期北齐画家曹仲达画人物用笔稠迭，多垂线，衣服紧贴身体，有从水中提起之感；唐代画家吴道子《八十七神仙卷》（图7-11），用线紧劲飘举，富有运动感。后人评论他们的用线风格时，有"曹衣出水，吴带当风"之说。

（2）色彩。

色彩是由物体反射的光通过人的视觉而产生的印象。马克思曾说：色彩的感觉是一般美感中最大众化的形式。每种色彩都有自己的特征，可以在视觉上、感情上、意味上产生许多不同的审美效果。

由于人的生理特点和生活经验等因素的影响，人对色彩的感觉有冷暖之分。如：紫、绿、蓝色，可以引起人冷的感觉；而红、橙、黄色，则可以引起人热的感觉。一般来说，暖色能引起观赏者激奋、高亢的情绪，并产生近、暖和动、膨胀的效果；而冷色则引起观赏者静穆、凄凉的情绪和远、冷清、静、收缩的效果。根据这些视觉反应，画家在点染画面时，就可有意创造某种特定的视觉效果。并可赋予某一色彩特定的社会意义，比如红色象征革命，黄色象征光明，绿色象征生命等。青色在基督教绘画中被用作天国的象征，在那些作品中，天空是

韩干
《照夜白图》

图 7-10 韩干《照夜白图》

图 7-11 吴道子《八十七神仙卷》局部

图 7-12　凡·高《盛开的桃花》

青色的,圣母的衣服也常常是青色的,寓有超凡出尘、圣洁永恒的意味。而艺术大师对于色彩的运用,往往有其鲜明的个性,比如在梵高的画作中时时出现的暖色调(图 7-12),虽然未必符合事物的色彩,却表达出作者的炙热情感。

(3)构图。

构图是画家为了体现作品的思想主题和美感效果,在二维空间内,安排布置表现对象的形、色因素及其关系,使若干个别或局部的形象组织成为艺术整体的手法。

构图能极大地影响作品的内容和主题以及艺术效果。比如列宾于 1873 年创作的《伏尔加河上的纤夫》(图 7-13)的三幅草图,构图的不同使得它们表现效果之间存在巨大差异。

3. 以静示动、寓动于静

作为静态艺术,绘画所描绘的物体都限制在一个平面上,这种构图处理关系是一种静态的并列关系。所以绘画适合于描绘静物,不善于表现物体的动作。绘画要表现物体的动作,就必须选取最有孕育性的顷刻来以静示动、寓动于静,使画面呈现动态美。当然,这种动态美也只能是暗示性的。

图 7-13　列宾《伏尔加河上的纤夫》

例如，老舍曾以清代诗人查初白的"蛙声十里出山泉"诗句为题，请齐白石老人作画（图7-14）。画面有山谷、清泉，特别是三三两两的蝌蚪，顺流而下，生动活泼，令人仿佛也听见远处幽静的山涧传来了蛙声。画面的构图关系是并列的，虽然也显示出蛙声十里的动态美，但却是暗示性的。它选取了三五蝌蚪顺流而下这样一个最富于特征意义的最能启发人想象的瞬间，将蛙声很好地表现出来。这一瞬间，就是莱辛所说的"最富于孕育性的那一顷刻，使得前前后后都可以从这一顷刻中得到最清楚的理解。"①

相形之下，诗歌就可以避免画的空间并列关系所存在的局限性。诗不像画，只可停止在二度空间所存在的平面上。诗在描绘情节动作时，可以从容地再现和表现时间系列的持续过程与事物的运动状态，因而它是不受空间限制的语言艺术。它可以把不同空间的事物，用持续的时间序列排列出来，逐渐展示在人的眼前。如杜甫的"三吏""三别"就分别描绘了持续的时间过程，这在绘画中就很难显示出来。又如李白"朝辞白帝彩云间，千里江陵一日还"等。

---

① 莱辛：《拉奥孔》，朱光潜译，人民文学出版社，1979年，第83页。

图 7-14　齐白石《蛙声十里出山泉》

【思考与练习】

1. 什么是艺术美? 它包含哪些要素?

2. 艺术美的特征有哪些?

3. 接受者对于艺术作品的阐释会带来哪些影响?

【延伸阅读书目】

1. 宗白华:《艺境》,商务印书馆,2011 年

2. 丹纳:《艺术哲学》,傅雷译,天津社会科学院出版社,2004 年

3. 莱辛:《拉奥孔》,朱光潜译,人民文学出版社,1979 年

4. 王振复:《建筑美学笔记》,百花文艺出版社,2005 年

第八章 审美范畴：优美与崇高、丑与恐怖

一、优美

二、崇高

三、丑

四、恐怖

朱光潜先生生前曾说："骏马秋风冀北，杏花春雨江南"可以象征一切美。确实，由"骏马""秋风""冀北"，我们很容易联想到北国的大漠平陆慷慨悲歌之士，想到羌笛悠悠、胡雁哀鸣、平沙莽莽，这是一种"阳刚之美"；而"杏花""春雨""江南"则让我们联想到南国的烟雨楼台才子佳人，想到三秋桂子十里荷花，这又是一种阴柔之美。

这两种类型的美在我们经验范围内并不难区分。雄鹰古松不同于嫩柳娇莺，悬崖瀑布不同于小桥流水，苏东坡"大江东去"的豪迈不同于柳永"杨柳岸晓风残月"的婉约。

中西方美学家对这两种类型的美很早就有论述。

在西方，古罗马思想家西塞罗最早尝试对美的形态进行分类，他说："我们可以看到，美有两种。一种美在于秀美，另一种美在于威严；我们必须把秀美看作女性美，把威严看作男性美"。西塞罗所说的"女性美"和"男性美"颇接近中国《周易》中"阳刚之美"与"阴柔之美"的指称。但中国的说法主要是建立在气论基础上的。

《周易》哲学提出"一阴一阳之谓道"，阴阳二气交互作用产生万物，万物都具有阴阳属性。同时阴阳二气也是宇宙生命发展变化的动力。这种宇宙构成论后来渗入美学，中国古代美学理论就把所有美的事物分为"阴柔之美"与"阳刚之美"。到了清代，魏禧在《文漱序》中对此也有较好的描述：

> 阴阳互乘①，有交错之义。故其遭也而文②生焉。故曰："风水相遭而成文。"然其势有强弱，故其遭有轻重，而文③有大小。洪波巨浪，山立而汹涌者，遭之重者也。沦涟漪潋，皱磨而密理者，遭之轻者也。重者人惊而快之，发豪士之气，有鞭笞④四海之心。轻者人乐而玩之，有遗世⑤自得之慕，⑥要为阴阳自然之动。天地之至文，不可以偏废⑦也。

① 互乘：互相交错运动、互相依赖。有时阳气上升阴气下降，或阴气上升阳气下降。
② 文："物相杂而成文"，"文"即纹理，暗指一切事物的外观形式，此处就指美。
③ 文："水纹"，暗指文章风格。
④ 鞭笞：驾驭、把握，气吞四海。壮美的对象和审美主体之间存在着一种对抗关系，使主体产生惊怖情绪，但同时主体又在内心激起摆脱琐细平庸的境界而上升到更广阔的境界之豪壮之气。
⑤ 遗世：抛弃尘世、脱俗、"物我两忘"。"乐而玩之，几忘其有身"。
⑥ 自得：圆融的满足。慕：思念、志向和愿望。
⑦ 偏废：《周易》"一阴一阳之为道"，既说对立，亦强调统一，故中国古典美学中二美并非相互分裂，而是相互渗透、统一。

阴柔之美就近似于优美，阳刚之美则近似于崇高。优美与崇高是最有代表性的审美范畴。审美范畴来自审美现象，是对审美经验的总结与概括。我们前面所说的社会美、自然美和艺术美，虽然是按照美的事物所存在的领域，从审美形态的角度对它们作初步划分，但仍略嫌浮泛。比较显见的事实就是：虽然同属自然美，暴风骤雨和草长莺飞带给我们的感受是不一样的；同属艺术美，欣赏悲剧和欣赏喜剧的心理感受也大相径庭。正因如此，我们很有必要在审美形态研究的基础上，进一步开展审美范畴研究，以便对审美对象和审美活动有更为深刻的认识。我们先要探讨的审美范畴就是优美与崇高。

一、优　　美

（一）内容与形式的和谐统一

　　一般来说，优美的对象都符合形式美的原则：对称、均衡、合比例、多样统一。优美的形式与内容完美地结合在一起，对象自然可亲可爱，充满了自由性和动态性。在此，我们不妨借鉴一下德国美学家文克尔曼对古希腊造型艺术的分析，看看优美的对象与形式是如何和谐统一的。

　　文克尔曼（1717—1768）对古希腊造型艺术颇有研究，认为它们有一种"高贵的单纯"和"静穆的伟大"，即内在和谐在外观形式上的体现。他以维纳斯雕像（图 8-1）为例，说明它是以两点来体现"单纯"和"伟大"的——表情和体态。表情：宁静、安详、沉稳——内在心灵和谐的反映。体态：健康而修长、直立而多变，从任何一面看都是"S"形（"最美的线"，荷加斯语），优雅、舒展，体现一种自由——实为心灵自由的体现。总之，从维纳斯这具雕像上面我们能感受到"她"内在心灵的和谐，而外在造型又符合形式美的原则，可以说，作品内容与形式是和谐地统一在一起的。

　　相形之下，雕刻家米隆的《掷铁饼者》（图 8-2）则不属于优美。这具雕像选取的是一位掷铁饼者全部体能即将爆发的一刹那，我们感觉到铁饼似乎眨眼间就要从运动员手中飞出去。这是一种力量之美、阳刚之美。

　　需要说明的是，中国古代也有一种优美的人生境界。儒家提出"文质彬彬，然后君子"。"文"即"文饰"，是美的形式、外表。"质"即内容、内在的道德品质，是心灵的和谐。"彬彬"是参杂搭配适当，"文""质"统一，才成为君子，这是一种理想的人格美的形象。

图 8-1 《米洛斯的维纳斯》　　　图 8-2 米隆《掷铁饼者》

（二）优美的对象是在审美和实践中易于把握的

　　18 世纪英国美学家博克曾论述过优美的七个特征，比如小巧、光滑、身材娇弱等。尽管博克的论述只是经验的描述，但在"易于把握"这一点上却是共同的。面对一个优美的对象时，我们不费什么心力就在瞬间发现了它的美，优美感是一种当下即得的感受。就像我们欣赏约翰·康斯太勃尔的《干草车》（图 8-3），远处的原野开阔宁静，白云悠游自在；近处低矮的农舍，清浅的河水，一只小猫百无聊赖地在河边闲逛，一位农人驾着马车慢悠悠地蹚水而过。这种无忧无虑的田园风光，多么令人神往！而这种美，也是我们一瞬间就能感受得到的。

　　20 世纪初，英国美学鲍桑葵曾将美区分为"艰难的美"和"平易的美"，"平易的美"就是优美，是看上去单纯而且容易把握的。

　　朱光潜也曾说："秀美的事物立刻就叫我们觉得愉快，它的形态恰合我们的感官脾胃，它好比一位亲热的朋友，每逢见面，他就眉开眼笑地赶上来，我们也就眉开眼笑地迎上去，彼此毫不迟疑地、毫无畏忌地握手道情款。我们对于秀美事物的情感始终是欢喜的，肯定的，积极的，其中不经丝毫波折。"朱先生这段话既说明优美对象的易于把握，也道破了优美感的特征。

图 8-3　约翰·康斯太勃尔《干草车》

约翰·康斯太勃尔《干草车》

（三）优美感的特征：松弛、舒畅、欣然怡悦的快感

面对一件优美的事物时，我们既没有面对崇高对象时的那种恐惧或惊叹，也没有欣赏喜剧时的开怀大笑手舞足蹈，更没有欣赏悲剧时的那种长吁短叹、悲痛欲绝，有的只是一种宁静的喜悦、圆融的满足和轻盈的愉快。风在轻轻地吹，鸟在欢快地唱，"万物静观皆自得，四时佳兴与人同"，不知不觉中我们泯灭了物我的界限，纵身于大化之中，怡然自得地欣赏着竹韵、虫声、鸢飞、鱼跃……

王维的《山居秋暝》描写了青松明月之下、翠竹青莲之中，人们生活得无忧无虑的优美田园风光。

> 空山新雨后，天气晚来秋。
> 明月松间照，清泉石上流。
> 竹喧归浣女，莲动下渔舟。
> 随意春芳歇，王孙自可留。

这纯洁美好的生活图景，足以让诗人流连忘返，进而发出"随意春芳歇，王孙自

图 8-4　拉斐尔《草地上的圣母》

可留！"的感慨。全诗所表达的审美意趣，和约翰·康斯太勃尔的《干草车》有异曲同工之妙。

拉斐尔《草地上的圣母》（图 8-4）带给我们的也是优美的感受。画面中，充满古典美感的慈祥圣母（宛若希腊最完美的维纳斯），打结成束的美发，漂亮的椭圆形脸颊，完美的肩膀，穿着红蓝对比的长袍坐在青葱翠绿的自然剧场里，呈现一片宁静安详的气氛，优雅地伴随着耶稣和约翰。圣母温柔的双手搂着天真无邪的孩子（耶稣），孩子依偎在圣母的身边面向拿着十字架跪在地上的孩子（施洗约翰），于蓝天白云、湖光山色之中，构成一种别开生面的场景。或许正是受这种气氛的感染，甚至连背景中的山、水、石、树都显得线条柔和、色泽温润。作为全画之中心的圣母，形象温馨、慈祥、秀丽、端庄，洋溢着幸福感，宛如人间母亲。作者正是借助宗教主题表现了现实与理想相结合的完美女性形象，以颂扬人性中的至善、至美。

二、崇　高

作为与优美相对的一种审美范畴，崇高也向来被美学家们所重视。1756 年，英国美学家博克发表了《论崇高与美两种观念的根源》，第一次将优美与崇高当作平行范畴论述，从美学上给崇高作了界定。他的研究突出了两点。

其一，崇高的事物不但是宏伟、奇特、令人惊心动魄的，而且是令人恐惧的，如无底深渊（中国就有成语"如临深渊"）。然而，令人恐惧的东西为什么还要赞美它呢？因为人与对象之间尚有一段距离，自身处于安全地带，并没受到它真正的威胁。动物园中的猛虎让我们觉得崇高，倘若我们真的在山林中与老虎狭路相逢，你绝对不会赞美它，关键还在于距离。

其二，崇高产生的原因在于人的生理本能。博克认为人有两大本能：自我保存与社会交往。后一种本能产生了男女之爱和人对优美的喜爱。而"自我保存"的本能则产生了崇高感。具体说来，主体面对一个崇高的对象时，对象以它的高大深邃让主体感到恐惧，遂唤起人的"自我保存"本能，这时若主体处于安全地带，则自我保存的欲望不会付诸行动，反而会转为一种崇高感、胜利感（觉得对象不能加害于我），人就有了克服任何困难的决心。

博克的论述对康德很有启发，因为他已注意到崇高所引起的美感心理，虽然这只是生理的经验的描述。康德认为，崇高的事物应该具备以下几大特征：

（一）形式的无限性（"无形式"）

"无形式"是与优美相对而言的。优美对象提供的表象是人的感官可直接把握的，是有限形式。而崇高对象提供的表象则超过人的感受能力的极限，是"无形式"（unform，或译"非形式"），即不定型的、时空上无限制的形式，是没有有限形式，而非没有表象。换言之，"无形式"是一种"大"，是绝对的、无比的大，而非相对的大。若事物的大是可比的，则不是崇高。无论是"山有万丈高"还是"洞庭湖比巢湖大好多倍"，这些都不是崇高，而是逻辑认识。因为我们把"万丈"和"巢湖"作为一个单位来衡量别的事物。崇高的对象应该是不可度量、不经度量的，就是主体在单纯的直观里所感觉到的无限大。就像李白的《蜀道难》中所感慨的"噫吁嚱，危乎高哉，蜀道之难，难于上青天"，一句感慨，就瞬间把我们代入了如临绝境的氛围之中。所以，优美的对象外观符合形式美的法则，而崇高的对象则表现为奇特、反常，无法用形式美的法则去衡量它。

（二）崇高的两类型

结合崇高对象的"无形式"，康德将崇高分为力量型和数量型，划分的依据是主客体之间的相互关系。凡是崇高的对象都是难以把握的对象，他们以两种方式来压抑主体，一种是以其无限的数量或体积对主体造成压抑，崇山峻岭、悬崖峭壁都是；一种是以其无限的威力来压抑主体，如大河奔腾、鹰击长空、虎啸山林。

1. 数量的崇高

（1）庞大的体积和无限的面积。康德认为这些对象都能引起崇高感。例如：许多宏伟建筑都是因尺寸超常、比例超常而引起人的崇高感的。如金字塔，高百余米，建在沙漠的隆起部分——台地，显得很雄伟。拉萨的布达拉宫（图8-5）坐落在红山上，主楼高约 115 米，红山本已宏伟峻峭，布达拉宫又是沿峭壁建立的，与红山合成一体，更显崇高感，让人感到佛法的神圣威严。另如凯旋门、埃

布达拉宫

图 8-5　布达拉宫

菲尔铁塔等，也都是高大雄伟的形象，使人一见惊心动魄。

　　值得一提的是，近些年中国凭借一系列大规模基础建设和超级工程，被网友们冠以"基建狂魔"的称号，后面透着浓浓的自豪感。一条条公路、铁路，一座座桥梁翻山越岭，横空出世，惊艳世界。2020 年，世界上最高的 5 座大桥，全部在中国。居于榜首的是北盘江第一桥（又称"北盘江特大桥"或"杭瑞高速北盘江大桥"），它位于中国贵州省六盘水市水城区都格镇与云南省宣威市普立乡的交界处，是一座跨越尼珠河的高速公路斜拉桥（图 8-6）。大桥全长 1 341.4 米，桥面距离江面高度为 565.4 米，相当于 200 层楼高，是目前世界上桥梁高度最高的大桥。如此大尺度的人工建造物给观赏者带来的震撼，大大超越了农耕时代任何建筑所能达到的效果，而且肯定会在将来被不断刷新。

　　（2）无限的时间或空间。例如苏轼《念奴娇·赤壁怀古》，"大江东去，浪淘尽，千古风流人物"，选取了水的意象，这同时也是时间的意象，"子在川上曰，逝者如斯夫"，滔滔东去的江水就如时间一样"不舍昼夜"，而千古风流人物在历史长河中不停地消逝，这是无限的时间。接下来写江边景色："故垒西边，人道是，三国周郎赤壁。乱石穿空，惊涛拍岸，卷起千堆雪"，创造出了奇、伟、特的气氛。"江山如画，一时多少豪杰"，"一时"是无限意义上的一时，紧收水天空阔的背景，由江边景色引发出对历史的感慨，由无限的空间过渡到无限的时间。下阕"遥想公瑾当年……"就过渡到时间的无限了。全词几次时空转换，有

北盘江大桥

图 8-6　北盘江大桥

种深沉的历史感。杜甫"窗含西岭千秋雪，门泊东吴万里船""乾坤万里眼，时序百年心"亦然。

2. 力量的崇高

大河奔腾、雷鸣闪电、汹涌的海水，这些都是力量的崇高，它们以震撼人心的力量，使人端庄肃穆、肃然起敬。例如宋代周密《武林旧事》中所记载的钱塘江潮：

> 浙江之潮，天下之伟观也。自既望①以至十八日为最盛，方其远出海门，仅如银线；既而渐近，则玉城雪岭，际天而来，大声如雷霆，震撼激射，吞天沃日，势极雄豪。

又如大型的阅兵式，则是力量的崇高与数量的崇高之结合体。先是队列式阅兵，有其长度，这是数量的崇高；然后是分列式，正步走过铿锵有力，这是力量的崇高。紧跟在徒步方队后面的车辆方队，数目多、马达轰鸣，车轮滚滚向前，这也是力量的崇高与数量的崇高的结合。它们都显示了军威，体现了国威。

力量崇高的对象有时数量不一定很大，如：屠格列夫笔下那只为了保护幼崽的麻雀，虽然外表弱小，但仍让人感受到它精神力量的强大。又如：历史上伟大人物为了民族的未来而不怕牺牲、艰苦卓绝地奋斗，哪怕他们形体柔弱，但同样有种力量之美。

---

① 阴历十六。钱塘江潮水以农历八月最为壮观。

（三）崇高感

崇高对象的巨大力量或数量超过了主体感知的阈限，对主体生命力造成一种压抑并产生恐惧，而主体又处于安全地带，这时就唤起人的理性和想象力来解围。

在数量的崇高中，康德认为：人心本有一种超越有限进达无限的使命感，它促使我们要去探求宇宙间的一切秘密，要求见到对象的整体——此为人的理性的本性。另一方面，崇高对象的巨大体积又超过人的感性功能所能一霎掌握的极限，感性认识功能不足以达到理性所要求的整体，于是就唤起人的想象力来把握对象，但想象力同样受挫，还是不能见到对象的全体。这时，人心本有的那种"理性观念"就来解围，这就是把对象当作一个整体来想的能力。"我"虽见不到大海的尽头，但我可以把它想象成是有边际的。这样，想象力在理性的提升下，就由原来的受挫转为与理性的和谐活动，我们就由原来的恐怖感转化为快感，同时认识到自己有种把握无限的能力，有一种自豪感和胜利感。所以说，崇高的对象表面上是自然，骨子里却是人对自身使命的崇敬。宗白华说这是"通过无能之感发现自身的无限能力"，这句话颇能揭示康德崇高论的精要。

在力量的崇高中，一方面对象的巨大威力使我们有短暂的恐惧，另一方面对象又不至于使我们真正恐惧，因为主体尚处在安全地带。而且，人心也有一种抗拒外界暴力对生命摧折的使命感（康德说这也是人的理性本性），它唤起我们的勇气和尊严感，来和这自然的表面的万能进行较量，它使得我们把自然的威力看作不能对我们的人格施加粗暴的力量，让我们感到有种超过自然的优越性。我们就会由原来的恐惧过渡到崇敬和赞叹，以审美的眼光来打量对方。这时崇高的对象是什么呢？表面上看是自然对象，骨子里却依然是人自己，依然是那种人定胜天的自信。

从以上分析我们可以见出崇高感的特征：一方面，它起于可怖的事物。崇高的对象通常是可怖的，它们有巨大的力量或体积，这就对主体的生命力造成压抑和不适应，产生暂时的痛感。如刘禹锡《九华山歌》中的"奇峰一见惊魂魄"，是对象压抑主体引起人的痛感。另一方面，恐怖感能转化为崇高感，从消极情感转化为积极情感。博克并未对这两种情感之间的差异作详细区分，他认为一切令人恐怖的事物，都是崇高的事物，但康德却对这一转化说得很清楚。

需要强调的是：恐怖感能够转化为崇高感的原因何在？康德将它归结为人的道德理性，他认为文化的人、道德的人才有那些使命感、才有那种理性。这种解释有合理之处，但让人费解。

我们认为：转化的根本原因是自然人化。人类在长期征服自然、改造自然的实践中，实践能力不断提高，实践范围不断扩大，许多原先异己的、可怖的对象，现在已被人类征服、利用或改造，已不能对人类生存构成多大的威胁，所以在面对这些崇高的对象时，人类自有一种自我尊严感和优越感，这就是崇高感产生的真正原因。例如：在远古时代，泛滥的洪水曾对人类的生命和生活构成极大威胁，人们只能像奴隶一样服从于它的权力，这样的自然物当然无美可言。但是，人类的社会实践终于改变了人与水之间的关系，使原先对人有害的水受到支配、利用，成为"为我"之水。这时，人们就能获得壮美雄伟的审美感受。比如前面提到的钱塘江潮，它那磅礴的气势让人们不免有些胆寒，但经过人们的实践，不仅有了足以抵拒潮水危害的人造堤岸，更有出没于惊涛骇浪之中的弄潮儿，这时我们才可自在地欣赏江潮那排山倒海之势、壮阔非凡的气魄。

三、丑

如果说，优美与崇高代表的是一种古典时期的审美理想，那么，在当下这样的自媒体时代，美与丑、崇高与恐怖之间的界限却越来越模糊。有鉴于此，我们将着力探讨传统的审美范畴在当下的新发展——丑与恐怖。

丑与美之间的对立关系，早就被中外哲人所注意，老子就曾说过："天下皆知美之为美，斯恶已；皆知善之为善，斯不善已。"古希腊的赫拉克利特也同样注意到美与丑是相比较而存在的。然而，丑作为一种美学范畴，无论是在中国还是在西方，均研究得既不系统也不深入。对于中国美学来说，因为其核心命题是"道""气""象"而不是"美"，因此，与之相对应的"丑"也就不大受人关注。对于西方美学来说，丑的范畴之出现，则与西方现代艺术的发展密切相关。大体说来，西方古典主义艺术要求排斥丑，以美为艺术表现的主角；近代的巴洛克艺术、浪漫主义艺术、批判现实主义与自然主义艺术都不回避丑，都把丑作为艺术的必要组成因素；现代主义艺术思潮兴起后，丑在艺术中的地位日益重要，以致发展为丑成了艺术表现的主角。所以，1797 年，施莱格尔宣称，现代艺术不再是美而是丑。德国的罗森克兰兹于 1853 年写出《丑的美学》，系统地论述了丑的各个方面，更把丑作为独立的审美范畴来看待，论证了丑在审美中的积极意义。

进入 21 世纪以来，先后又有翁贝托·艾柯《丑的历史》以及史蒂芬·贝利《审丑：万物美学》问世。但这两本书更像是对于丑的历史回溯和现象描述，而在理论上的建树却相对有限。针对翁贝托·艾柯的《丑的历史》，史蒂芬·贝利就曾直言不讳地指出："该书固然引人入胜，但其中详述的内容，却只是怪诞滑稽、畸变异形和恐怖邪魔之物的大结集。这跟丑并不完全是一码事。"[1] 由此可见，丑固然和恐怖之间存在联系，但它所引起的情感反应之激烈程度显然不及恐怖。

　　在系统地回顾了"丑"在西方美学史上的发展历程之后，蒋孔阳先生曾经指出："人生的征途，可以充满丑；但是人生的目的，却应当是美。"他甚至直接引用近代美学家李斯托威尔的话来说，"那么多的当代艺术，就因为对丑的病态追求而被糟蹋了"。因此，"我们可以对丑进行研究，但不要成为嗜痂成癖的爱丑专家，被丑所糟蹋"。[2] 有鉴于此，系统回顾丑的发展历程并进而分析其内涵及意义，并不是我们的首要任务，我们在此只想简单探讨一下自媒体时代国人对于审丑的一些崭新看法。

（一）自媒体时代审丑乱象

　　互联网众声喧哗的生态，为各种各样的戏仿、恶搞、山寨提供了舞台。互联网的低门槛及去中心化的特点，使得各式审丑行为在此"争奇斗艳"。在一些短视频平台，我们竟能看到另外一个似乎完全游离于现代文明之外的世界：自虐行为、低俗小品等。审丑差不多是一些人瞬间走红的最大利器。正是通过"以丑为美"的极端形式，他们将奇观化的自我形象呈现在观众面前。

（二）自媒体时代审丑的原因分析

　　前几年喧嚣一时的网络审丑热潮，曾有好事者这般分析其社会心理：[3]

　　首先，不怕美，而是怕被以美的名义欺骗。在美的包装下，有时隐藏着可怕的东西，随着受骗经历的增多，人们自然会对所谓的"美"产生厌恶感。

　　其次，"美是自由的象征"（高尔泰语）。从古至今，审美只能源于心灵的自由，一首歌曲，再复杂再合理，如果不能给心灵带来快慰，我们为什么还要唱它呢？但在现代化的扭曲下，又有多少美，能从我们的内心中无碍地流淌出来？

　　借用上述理论来分析自媒体时代的审丑现象，同样也并不过时，例如，对传统审美标准的解构与抵抗，青年网民膜拜一些丑陋的形象，并在社交过程中以角色降格的方式，即"自我调侃""自我矮化"，将自己丑化为嘲讽、戏谑的

<hr>

[1] 史蒂芬·贝利：《审丑：万物美学》，杨凌峰译，北京联合出版公司，2020 年，第 12 页。
[2] 蒋孔阳：《美学新论》，人民文学出版社，2006 年，第 419 页。
[3] 蔡辉：《为何审丑狂潮前赴后继》，《北京晨报》，2010 年 10 月 11 日

对象，从而宣泄自己在现实环境中被规训的压抑心态。最终以丑陋抵抗优雅，意图解构与取代原有的美学标准。[①]

如果非得说近几年的审丑有什么大的变化，那就是"流量为王"的逐利思维在自媒体时代显得愈发变本加厉，而借助于强大的算法推荐功能，各路"网红"引流、变现的操作变得更为顺畅、娴熟和便捷。因此，加强自媒体伦理规范建设显得非常必要。

（三）审丑的后续影响

不可否认，当代社会的审丑不无其积极意义，尤其是一些无伤大雅的丑，往往表达了当事人最原始、最真实的情感和欲望，现代人不仅可以借此宣泄自我的真实情绪，而且这些大大丰富了人们的审美实践。

当然，无底线的审丑，肯定会对社会价值准则和社会道德有巨大冲击，有论者认为，审丑的不利影响主要有三个方面：[②]

首先，审丑泛滥是对于主流价值观的消解。审丑现象作为大众文化的一种，通常经由批判或借鉴丑进而达到美。然而在当前情势下，审丑与审美出现严重失衡，社会对审丑文化的过度开发，快速消解了主流文化的内涵、作用及其历史沉淀。进而带来精神上的荒芜以及幸福感的降低，这些必然干扰主流文化的建设和发展。

其次，审丑泛滥使得公众的审丑敏锐性下降。经过多年发展，公众对于网络上各种"丑"的态度似乎越来越成熟，看似不慌不忙、保持镇定，实则是大家对司空见惯的"丑"失去兴奋感，甚至连辨别、批判丑的能力和动力都没有了。这不仅淡化了对真善美的追求，也丧失了对不良现状进行改进的信心和动力，使得对于丑恶现象的治理呈现出明显的反复性和无力性特征。

最后，审丑泛滥挑战了公众精神文化的底线。网络上层出不穷的审丑现象，示丑者以曝丑为荣，审丑者以媚丑为乐。渴望以丑出名的人们纷纷以怪、恶、奇、裸为看点，在这个颠覆自我、展示丑态也能走红的时代，极易形成浮夸病态的社会风气，使得极端化的走红模式被更多的年轻人理解、接受并在羡慕中尝试效仿。久而久之，社会的容忍度只会变得越来越低，公众也在无意识中降低了自身行为的道德底线。

正是出于以上原因，我们认为，对审丑现象予以适当批判和引导在当下显得尤为必要。

---

① 蒋建国、李颖：《网络涂鸦表情包：审丑狂欢抑或娱乐的大麻》，《探索与争鸣》，2017 年第 1 期。
② 张成地：《网络短视频中的审丑文化异化研究》，山东大学硕士论文，2019 年，第 22—26 页。

四、恐　怖

　　1998 年，美国学者卡罗琳·科斯梅尔在其所编《美学：重大问题》中，将恐怖与悲剧和崇高并列起来，视为继悲剧和崇高之后的第三种痛感审美经验类型。这就意味着恐怖作为独立的审美范畴，已经得到西方学界的广泛认可。[①]

　　无论是欣赏悲剧还是欣赏崇高和恐怖，都要经历扬弃痛感、获得快感的过程，但这种心理转换的过程却不尽相同。就拿前面我们刚刚谈到的崇高来说，它常常与恐怖密不可分，崇高感很多时候也是由恐怖感转化而来的。而转换的前提，就是主客体之间存在着安全距离。与之类似，在欣赏恐怖的时候也需要这样的距离。

（一）从恐怖现实到恐怖艺术

　　康德曾经特别强调：崇高的事物只有文化的人、道德的人才能欣赏，所以原始部落的人不能欣赏荒野的自然，对于他们来说，雷鸣闪电和疾风骤雨所能唤起的主要是恐惧。

　　如果仔细审视当今社会人们所欣赏的恐怖，它们并不是真正的恐怖，而只是一种想象的恐怖。环顾当今世界，随着交通事故、化学污染、食品安全、暴力犯罪、恐怖袭击等人为危险的日益剧增，人们的不安全感日益加剧，这些恐怖事件也都是人们在现实生活中避之唯恐不及的对象。但是，如果能将恐怖加以艺术化的处置，使之与现实无关，对生命无害，则往往是现代人所追逐的审美活动。总之，人们所热衷的其实是恐怖艺术，而非恐怖现实。

（二）恐怖艺术的类型

　　对于艺术和审美活动中的恐怖，英国学者斯蒂芬·琼斯在他所编写的《恐怖的艺术》一书中，从艺术史的角度出发，以人们所熟知的超自然小说中的形象入手，细数这些形象在西方电影海报和书籍插画等艺术形式中的来龙去脉。全书收录了近 600 幅大师级艺术家的作品，形式上从早期的雕刻版画，到书衣、书籍插图、通俗杂志、电影海报、漫画书、原创画作，再到今天艺术家工作的数字化领

---

① 李艳：《恐怖审美范畴研究》，人民出版社，2013 年，第 35 页。

域。内容上共分十个章节，分别围绕着吸血鬼、木乃伊、弗兰肯斯坦、狼人、幽灵、变态杀人狂、女巫、史前怪物、外星侵略者展开，你所能想象到的及想不到的全被囊括其中。艺术家们以人类心灵最原始的感触为创作动力，对恐怖艺术这一独特而迷人的研究领域产生了深远影响。

在众多的恐怖艺术门类中，恐怖电影是其中最容易调动观众、激发恐怖情感的一种类型，因为它综合了各种艺术手段，能有效调动接受者的恐怖情感，由此也使得恐怖电影当之无愧地成为恐怖艺术的代表。

恐怖电影常见的故事类型主要有以下几种：① 科幻恐怖类，最典型的代表就是《异形》系列，此外还有《异物》《异种》，根据游戏改编的《生化危机》系列电影、《捉梦人》等；② 鬼怪类，这类恐怖片占了最大比重。不管是妖怪、恶灵，还是什么恐怖的外太空生物都可以归到其中，著名的有《闪灵》《驱魔人》《恶魔婴儿》《人玩鬼》《鬼娃新娘》、吸血鬼系列等；③ 生命变异恐怖片，比如《鸟》《活跳尸》《苍蝇》《糖人》《食人鱼》《群尸玩过界》《狂蟒之灾》等；④ 连环变态杀手类，著名的《万圣节》(《月光光心慌慌》)系列、《德州电锯杀人狂》《沉默的羔羊》《汉尼拔》等。

上述各类电影中的恐怖形象，要么长相丑陋、惊悚，要么心理变态，加上电影本身的声、色、光、影等全方位的应用，以及利用先进的技术手段将镜头进行快速剪辑切换，在电影院密闭幽暗的特殊环境中，观众会受到强大的视觉刺激和精神挑战。

(三) 恐怖艺术的文化价值

恐怖艺术不单单是年轻人寻找刺激的游戏，也以它们独特的艺术语汇展示着人生百态，表现出制作者对于社会文化的深刻反思。譬如恐怖电影对科技文明的反思[1]。在人类漫长的进化过程中，我们曾遭遇过无数灾难：洪水猛兽、细菌病毒、火山地震……人类一直渴望能战胜自然、主宰自然。20 世纪似乎是人类历史上最辉煌的时代，科技进步使得人类的活动范围前所未有地扩展，飞机、火箭、人造卫星、宇宙飞船使人类的触角从地球的表面伸向浩瀚的太空，电子计算机、互联网使地球变成了一个村落，这一切让人类有理由相信自己可以成为"万物的灵长"。然而，人类文明的迅猛发展也对自然界造成了掠夺性破坏。森林消失，物种灭绝，江河湖海遭到污染……由科技文明造成的灾难恐怖不时给人们敲响警钟，恐怖电影里面的机器怪人(《弗兰肯斯坦》)、丛林巨蟒(《狂蟒之灾》)、深海水怪(《极度深寒》)、地底火龙(《火龙

---

① 刘可文：《试论恐怖电影的审美价值》，《当代文坛》，2012 年第 3 期。

帝国》）等就是对于人类过度开发自然、滥用科技而遭到报复和惩罚的一种暗示。恐怖电影让人类重新思考人与自然的关系，并深刻明白人不应该征服自然而应学会与自然和谐相处，否则必将受到大自然严惩的道理。

（四）恐怖艺术的欣赏心理

在现实生活中，恐怖会威胁到人的身心健康，甚至危及生命。但是，为何有那么多人会喜欢甚至迷恋恐怖电影呢？历来研究者也给出了各种各样的答案。

1."邪恶的他者"

美国学者欧内斯特·琼斯在《论恶梦》一文里，对电影史上的恐怖片进行了开创性的心理分析，指出："恐怖片是在最原始的无意识的层面上表现'他者'的。"显然，通过电影的方式寻求"邪恶的他者"，诉诸观众的本能，宣泄他们与生俱来的内心脆弱感和恐怖体验，进而反省置身其中的社会语境及其意识形态氛围，是作为类型的恐怖电影最根本的文化特征。也正因如此，以好莱坞为代表的恐怖电影经典，大多呈现出一个由吸血鬼、僵尸、偏执狂恶魔、科学怪人等组成的邪恶世界。[①]

2. 认知的好奇

当代美国艺术哲学家埃诺尔·卡罗尔则对艺术恐怖与现实恐怖做了简单区分，他认为艺术恐怖是一种认识的、想象的恐怖。当我们欣赏恐怖艺术（比如怪物故事）的时候，虽然当中的怪物会让我们恐惧、恶心，但是它却引起人们认知的好奇心。小说和电影的叙事又使得这种好奇心被提升，使人们疑惑这种怪物是否存在，好奇它长得什么模样，想知道是否恐怖艺术中的正常主角相信怪物存在并把它消灭，诸如此类。于是，人们对恐怖艺术的愉悦来自打破了界限的怪物及其发现怪物叙事过程中好奇心的激发和满足。由于人们知晓怪物是虚构的，因此人们可以克服这种不愉快和恶心的情感，从而获得好奇心得到满足的愉悦。这样，他就把恐怖和愉悦两种情感给凑到了一起：一方面，怪物激起人们的恐怖；另一方面，怪物也激起人们的好奇心，人们感受到的恐怖情感是满足好奇心所付出的代价。卡罗尔的解释说，并不是恐怖情感带给人们愉悦，而是好奇心的满足带来愉悦。

卡罗尔的解释只适合一部分恐怖电影，事实上，凭怪物的外表来吓唬观众的手段在恐怖电影发展的初期是很有效的，但是发展到现在，当观众日益熟悉怪物制造原理的时候，怪物出场就不会引起太大的震惊和厌恶感了。而在欣赏恐怖电影时，只要对象能激起接受者的恐怖情感就能使他们沉迷于其中，至于当中构造的怪物是否让人理智上相信，是否有悬念，结局是否把怪物消灭，其

---

① 李道新：《意识形态氛围与中国恐怖电影的不可预期》，《电影新作》，2004 年第 5 期。

实都是次要的。

3. 反抗与压迫

罗宾·伍德把恐怖电影中的愉悦问题看作政治问题。他认为，我们在从动物到人的进程中存在着普遍的、必要的、不可避免的基本压抑，以及在特定的文化中对于个体社会文化角色的压抑。恐怖电影中的怪物形象被他看成被压抑的东西戏剧化的表达，他从自己的政治立场出发，认为恐怖电影的真正主题就是努力争取对被压抑和镇压的东西的确认，这种复归作为恐怖的客体被戏剧化地呈现，恐怖电影经常出现的幸福结局就象征性地意味着压抑的重新恢复。

这种理论多少有些夸大的成分。把恐怖情感解读为镇压、反抗的泛政治化形态无疑使恐怖电影的愉悦承受了过重的意义包袱。伍德的划分虽然符合二十世纪七八十年代恐怖电影作品的状况，但是在今天，诸多理论家已经指出，我们已经进入了一个多元化的社会，价值体系不是一种，而是多种。这种激进与保守的二元划分显然不适合今天文化多元交流的状况。

总而言之，恐怖电影乃至恐怖艺术以其独特的魅力吸引着一代又一代的欣赏者。有论者认为，很多人在欣赏恐怖片的时候，其实是为了逃避现实的压力，借欣赏电影来缓解现实的焦虑感。当然，如果是原本熟悉的人在一起欣赏恐怖电影，还可由此增进观赏者之间的亲密感，使大家都获得快乐。[①]这样的描述虽与上述理论描述不一致，倒也符合很多人欣赏恐怖艺术的事实。只是，人们在欣赏恐怖艺术时，从恐惧、恶心到愉悦之间的情感转换，情况甚为复杂，这其实也是值得心理学家和美学家继续深入探讨的话题。

【思考与练习】

1. 试述优美范畴的特征。

2. 现代人为何热衷于审丑？

3. 恐怖艺术何以能带给人们审美的快感？

【延伸阅读书目】

1. 荷加斯：《美的分析》，杨成寅译，广西师范大学出版社，2002 年

2. 康德：《判断力批判》（上卷），宗白华译，商务印书馆，2009 年

3. 李艳：《恐怖审美范畴研究》，人民出版社，2013 年

4. 斯蒂芬·琼斯：《恐怖的艺术》，王绍祥译，北京联合出版公司，2017 年

---

① 朱佳丽：《恐怖片何以令人上瘾？》，《心理与健康》，2022 年第 2 期。

第九章 审美范畴：悲剧性

一、戏剧的悲

二、悲的当代发展

三、作为审美范畴的悲

在中国当代文坛上，余华的作品无疑显得比较另类，尤其是他的《活着》。作者以不动声色的冰冷笔调，让我们目睹了主人公福贵的荒诞、破产和艰难，他总是在过了几年幸福生活之后，就会经历一场人生厄运。一个个亲人相继以各种方式死去，毫无征兆，近乎残忍。只留下我们错愕当场，心中满是欲哭无泪的压抑。

《活着》虽然写的是一个又一个悲伤的故事，但也不无积极意义。正如有评论者所指出，作品意在提醒我们："现实生活的无情与残忍，远比我们想象的要宽广；而活着，纵使要担当诸多难以承纳的苦痛，但是依然要坚韧，顽强。"[①]

正视悲剧，以宁静的心态体悟其中的灿烂，在苦难面前仍能守护人性最后的尊严，这样的举动显然具有一种穿越历史时空的悲壮意味。而放眼人类审美意识的历史，悲剧，却常常借戏剧的形式展演于世。

一、戏 剧 的 悲

作为一种戏剧样式的悲剧，早有专家学者们写就的各种文献来详细讨论。本文出于叙述的必要，也对此略谈一二。

（一）悲剧在西方

对于悲剧在西方的演进历程，程孟辉先生曾在他的《西方悲剧的历史发展》[②]一文中有非常精彩的概括。他认为，西方悲剧的发展可切分为三个阶段：

1. 古希腊时期的悲剧

大约公元前五世纪，古希腊就已产生了相当严整完备的悲剧。它们大多取材于神话传说，"悲剧"一词大概也是为古希腊的雅典人所最先使用的。

"悲剧"原先是专指在节日盛典时上演的一种戏剧，其内容主要是一些传说、宗教神话和历史上一些英雄人物的不幸遭遇等。而荷马史诗则是当时悲剧的主要

---

① 张文艳：《心怀忧伤依然活得灿烂》，《半岛都市报》，2013 年 8 月 30 日。
② 程孟辉：《西方美学文艺学论稿》，商务印书馆，2007 年，第 587—620 页。

来源。

人类历史上第一个开创悲剧先河的剧作大师是埃斯库罗斯（约前525—前456）（图9-1），他最具代表性的作品是《被缚的普罗米修斯》和《俄瑞斯忒亚》，前者借用神话歌颂雅典奴隶主民主派反对贵族统治的斗争，后者则反映了父权制对母权制的胜利和法治精神对血族复仇观念的胜利。然而，埃斯库罗斯的悲剧毕竟是人类的早期戏剧，在许多方面仍显示出缺陷，如剧情结构比较简单，歌队的地位过于重要，语言凝重但独白过多，故不免流于文句堆砌，这也在一定程度上削弱了悲剧的艺术效果。

图 9-1　埃斯库罗斯

索福克勒斯（约前496—前406）是继埃斯库罗斯之后的又一悲剧诗人（图9-2），他一生写有130多部悲剧，其中《俄狄浦斯王》和《安提戈涅》最为著名。索福克勒斯身处雅典的"黄金时代"，同时，这也是战事不断、政治和经济矛盾重重的时期。当时希波战争正在进行，雅典与斯巴达之间的关系也十分紧张，奴隶主贵族和奴隶之间的矛盾十分尖锐，社会局势危机重重。索福克勒斯就是在这种历史条件下进行他的悲剧创作。他的作品同样取材于神话传说，只是在处理方法上与埃斯库罗斯不同，而且，他的神和命运观念没有埃斯库罗斯强，他的作品大多描写理想化的英雄人物与命运的冲突，人物的结局总

图 9-2　索福克勒斯

是很可悲的。在索福克勒斯的悲剧中，人并不像埃斯库罗斯悲剧里的那样完全被动地由神摆布，相反，他们利用自己的才智和力量同命运之神作抗争，换句话说，这些人的自由程度更高。

图 9-3 欧里庇得斯

图 9-4 莎士比亚

欧里庇得斯（约前 480—前 406）是古希腊三大悲剧家中最晚的一个（图 9-3），千古传诵的《美狄亚》是欧里庇德斯最优秀的代表作。作品主要描写负心汉伊阿宋为了另求新欢，竟忘恩负义，抛弃了曾帮他取金羊毛的美狄亚，要同公主科林斯成婚。多情善感的少女美狄亚对伊阿宋这种忘恩负义的卑劣行径深恶痛绝，她终于采取了强烈的报复手段，不仅杀死了公主，还杀死了自己与伊阿宋所生的孩子，然后设法逃跑。欧里庇得斯所处的时代，正值奴隶主民主制趋向衰落的时期，他的作品都是以暴露当时衰败时期的社会矛盾乃至民间的家庭纠纷为主要任务的。在古希腊的三大悲剧家中，他的作品最富于现实主义色彩，最富有时代气息。我们可以在一定程度上把它看作对当时社会的实录。

古希腊是人类文明的摇篮，也是悲剧艺术的摇篮，古希腊三大悲剧家的诞生，标志着人类艺术史上悲剧的诞生。

2. 文艺复兴和莎士比亚悲剧

欧里庇德斯之后的两千年，西方再也没有出现过悲剧艺术的高峰，直到莎士比亚（1564—1616）诞生（图 9-4），悲剧才第二次兴起它的狂涛巨浪。

莎士比亚所处的 17 世纪初期，正值英国资产阶级革命的前夜，伊丽莎白女王的统治已经接近尾声，当时英国社会的各种矛盾日趋尖锐，圈地运动是社会形势恶化、人民生活动乱的重要标志。詹姆士一世当政后，推行了一系列比伊丽莎白更为反动的内政外交政策。政治上的腐败和经济上的重重剥削导致了人民的强烈不满。莎士比亚正是在这样的历史条件下意识到自己的人文主义思想同现实社会之间存在着深刻的矛盾。因而，他的悲剧都是描写英国封建制度解体、资本主义兴起时期各种社会力量的对抗和冲突，他提倡个性解放，反对封建主义的束缚和神权桎梏。莎士比亚的悲剧作品以《哈姆雷特》《奥赛罗》《李尔王》《麦克白》最为著名，被称为莎士比亚"四大悲剧"。

莎士比亚悲剧作品的特征，首先，坚持现实主义的悲剧创作原则，他的任何一部悲剧，都是以生活中的原型为蓝本；其次，注重人物心理刻画，尤其是对主人公在接受厄运挑战前夕的心理之细致描绘；再次，作品中人物性格复杂化，描写手法多层次、多样化也是其悲剧的重要特征；最后，莎士比亚还继承了古希腊的某些创作方法，如古希腊悲剧中的神性的东西，在其作品中虽不占主导地位，但仍有被合理采用的，比如剧中不乏妖魔鬼怪和神仙精灵的出现。

3. 莎士比亚之后的悲剧成就

从莎士比亚时代直到 1642 年清教徒关闭英格兰剧院之时，英国的悲剧发展逐步走下坡路，期间竟没有产生一部能与古希腊三大悲剧家和莎士比亚的悲剧相媲美的作品。与此同时，法国的悲剧作家却在努力恢复古代希腊悲剧的传统，坚持动作、时间和地点三者必须完整一致的创作原则（简称"三一律"）。

皮埃尔·高乃依（1606—1684）的悲剧，是比较严格地按照"三一律"原则创作出来的，尤其是他的《熙德》，为法国古典主义戏剧的创立奠定了基础。在这部戏剧中，作者通过一对有世仇的男女青年最后化仇结亲的故事，向人们暗示了贵族阶级和资产阶级妥协调和的处世原则。

此后，从 1664 年到 1691 的 27 年间，法国剧作家让·拉辛连续写了 11 部悲剧。其作品大多使用古希腊罗马的历史传说来揭露封建王公贵族的荒诞、贪婪、阴险和残暴。拉辛可以称得上是 17 世纪法国最有成就（也是最有代表性）的古典主义悲剧作家了。

时间进入 19 世纪下半叶之后，由于自然主义的兴起，悲剧的发展进入新的阶段，挪威作家易卜生的作品就是其中杰出的范例。他在其所有的悲剧作品中，都从不同角度提出了关于道德、宗教、法律、教育和妇女地位等社会问题，以此揭露资本主义社会民主、自由的虚伪性和资产阶级的利己主义、市侩主义等，并主张通过道德改善和个人主义的"叛逆精神"来改革社会。所以，他的悲剧一般都是以"问题剧"的形式出现，《玩偶之家》是其中的杰作。

再后来，契诃夫的《小公务员之死》通过社会下层卑微人物的恐惧和奴性心理来揭露官僚统治者的专横跋扈；布莱希特的《大胆妈妈和她的孩子们》、萧伯纳的《圣女贞德》、艾略特的《大教堂凶杀案》等，也都是描写广大劳动民众生活疾苦、揭露现存的黑暗制度的"社会抗议剧"。按其内容性质来说，也都可列入"悲剧"范畴。

（二）悲剧在中国

与悲剧艺术在西方文学史上所占据的重要地位不同，中国文学中的悲剧艺术发展缓慢而且不充分。虽然在中国几千年的文学史上也曾产生过《孔雀东南飞》《窦娥冤》《红楼梦》这样的悲剧杰作，但却始终未出现过西方古希腊时期、英国伊丽莎白一世时期和法国新古典主义时期那样的悲剧艺术的黄金时代。在为数不多的中国传统悲剧中，大多作品还不是纯粹的悲剧。它们常常借"大团圆"结局对悲剧作了正剧化处理，因而在不同程度上减弱甚至改变了它们的悲剧属性，影响了它们的悲剧效果。所以朱光潜说：中国没有悲剧，要有也只有一部《红楼梦》。宗白华则指出：中国人经历了深刻的悲剧，但普遍缺乏悲剧感。

为什么中国缺乏悲剧艺术传统？历来众说纷纭。朱光潜在《悲剧心理学》一书中曾对此作深刻阐述。他认为，中国人是一个讲究实际、从世俗考虑问题的民族。受这种固定的实际的人生观影响，中国人对于人的命运问题，既不会在智能方面表现得特别好奇，也不会在情感上骚动不安。在遭遇不幸的时候，他们也的确把痛苦归之于天命，但也仅此而已，并不作进一步探究，更不觉得这当中有什么违反自然或者值得怀疑的地方。善者遭殃、恶人逍遥，并不使他们感到惊讶，他们承认这是命中注定。正因为对人类命运的不合理性没有感觉，所以文学艺术中也就没有悲剧。

中国人讲究实际，还表现在文学历来受到道德的束缚。早在春秋时期，孔子便提出"诗可以兴，可以观，可以群，可以怨；迩之事父，远之事君，多识于鸟兽草木之名"。此后历代论诗文者，大半只是替孔子所说的几句话作注脚。

正因为强调"文以载道"，所以中国人不愿触及在他们看来有伤风化的题材。在西方悲剧中司空见惯的弑君、弑父、弑夫题材，中国人看了总会觉得非常惊讶与不快。中国人热衷于表现什么呢？无论现实多么残酷、人生矛盾多么尖锐，中国的剧作家总要极力维护忠孝节义的伦理观，弘扬"仁义礼智信""温良恭俭让"的正统道德情操，他们很少会对整个社会意识形态系统及现存社会秩序进行反思或怀疑。

《赵氏孤儿》

由此我们也不难明白，为什么在中国悲剧题材却常常被写成喜剧。《赵氏孤儿》从情节看，使人想到《哈姆雷特》——敌人杀害了孤儿的父亲，窃夺了本来属于孤儿的荣誉。但是孤儿的复仇却不像哈姆雷特那样经过激烈的斗争，并在舞台上摆满了尸首。他的复仇只是帝王的一道命令许诺的，并没有在舞台上演出来。最后的报应使人人都很满意，连奸贼自己都承认这是公道。剧作者要传达一个道德教训——忠诚和正义必胜！作者强调的是孤儿的被救，而不是他的复仇；真正的主角是程婴，而不是孤儿。

朱光潜的分析全从意识形态着眼。其实，中国之所以缺乏悲剧意识与悲剧传统，也与中国较早进入农耕社会有关。中国人在长期的生产实践中，逐渐建立起人与自然的亲和关系。所以中国人更强调人对自然界的适应和顺从，而非对自然界的征服与改造。中国文学一般不将人与自然的对立表现为西方式的你死我活、针锋相对，而更多的是一种伤春悲秋的忧虑，更多的是缠绵悱恻的伤感。同样是向自然挑战，愚公移山终不及普罗米修斯盗火之悲壮与惨烈。陶渊明"种豆南山下，草盛豆苗稀"，生活固然艰辛，他却不觉得悲观，"众鸟欣有托，吾亦爱吾庐"，人与自然尚能默契相安。

需要强调的是，有人认为中国文学缺少悲剧意识和悲剧传统，此说固然不无道理，但若据此认为中国艺术史上从未出现过极富悲剧意味的作品，显然是不大准确的。就拿绘画领域明末清初的画家八大山人来说，作为前朝皇室贵胄，他所经历的国破家亡之惨痛，远较普通人深重，由此使得他的作品始终饱含着悲愤苍凉的意味。他笔下所描绘的物象，常常以奇特夸张的造型来表现自己孤傲不群、愤世嫉俗的性格。比如他所画的鱼、鸭、鸟等形象，均以白眼向天，充满倔强之气。而他的题画诗："墨点无多泪点多，山河仍旧是山河！横流乱石枒权树，留得文林细揣摩。"更是将沉痛的遗民心态表露无遗。诸如此类的作品在中国艺术史上其实不胜枚举，进入"五四"之后，国人的悲剧意识开始苏醒，大量的西方悲剧作品和悲剧理论开始传入中国。越来越多的人开始研究、探讨悲剧，比如蔡元培、胡适、鲁迅等。也有越来越多的人开始创作悲剧，比如巴金、老舍、曹禺等。

二、悲的当代发展

古希腊悲剧演出的繁盛一时并非无根之木，在那样的年代，看戏是公民的义务，戏剧节是古希腊人的盛大节日，在此期间，政府停止办公，法院停止审理……全体公民都去看戏，甚至囚犯也被押解去看戏。政府还特别向穷人发放"看戏津贴"，因为古希腊人把剧场看成教育和宣传他们政治主张和哲学观点的场所。

然而，纵观中国当代的悲剧作品，观众似乎早已对它们产生了审美疲劳。传统的苦情戏从引人流泪变成引人吐槽，反映底层生活的文学作品更像是作家的想象或某种写作姿态，而与真实的底层相距甚远，悲剧创作似乎早已陷入停滞不前的状态。而自媒体的迅猛发展，则为民众表达他们的悲剧意识提供了更加多元的方式。

（一）苦情戏：从流泪到吐槽

所谓苦情戏，通常是指以破碎家庭、破碎情感、破碎婚姻以及家庭苦难（"三破一苦"）为题材创作的电视剧。荧屏上一度热播的"苦情戏"，如《我的丑娘》《奶娘》等，真可谓"凄风惨雨一片"，赚取了观众大把的眼泪。苦情戏的热播，自有其一定的道理和原因。当观众看多了勾心斗角、风花雪月和打打杀杀的东西后，来点悲苦的旋律，也算是给心理一种调剂。

红极一时的苦情戏近来越发显得"模式化"，主要体现在以下几个层面：

1. 人物性格的模式化

当代电视苦情戏在人物形象的塑造上呈现出典型的二元对立类型化模式：善恶分明，非善即恶，大善大恶。为了使剧中人物性格形成巨大的衬托对比落差，苦情戏中不存在性格复杂多彩多变的圆形人物，而只有"一种情欲"的扁形人物形态，要么是善良坚韧，要么是阴险刻薄。完全违背了最基本的生活逻辑。

2. 人物关系的模式化

为了将苦情戏写得更富于矛盾冲突性，编剧们想方设法地让原本不相干的人物交织在一起，在人物关系的处理上也呈现出固定的模式。譬如：可以编造年轻一代以及老一辈人身上的一个或多个多角情感关系，从而将原本互不相干的人物组织在一起形成戏剧冲突。比如电视剧《你是我的生命》，虽然讲述的主要是母子亲情，但是也在剧中几个年轻人之间，设计了极其复杂的五角恋爱关系，剧情的后期就围绕几个年轻人复杂的爱恋关系及由此产生的母子矛盾而展开。

3. 情节架构的模式化

苦情戏在制造戏剧冲突方面极尽所能地利用"苦难"事件，这些苦难事件不仅让剧中人常常陷在生活困境中，甚至形成了苦情戏剧情展开的固定模式，无论是民国题材还是现代题材的苦情戏均形成了以"丧夫、丧父、丢孩子、捡孩子、受虐待、受诬陷、疾病、流产、车祸、下岗、入狱、失业、卖血、卖肾"等为剧情主线的情节架构模式。现代苦情戏《真情错爱》中，未婚先孕的叶瑾本就面临着父亲突然去世、未婚夫司徒敏被指控为造成父亲死因的凶手的双重打击，刚出生的孩子又被诊断为先天性心脏病，剧情的一开端就沿袭了苦情戏中"丧父""诬陷"与"疾病"三大固定苦情事件模式，剧情不断发展的过程中也穿插着这些模式化了的苦难事件，譬如叶瑾为了孩子户口问题与好心人葛大年假结婚，葛大年倒卖假货，叶瑾顶替入狱并因此被工厂开除，为了筹钱，葛大年卖血，葛大年修屋顶时摔成瘫痪，陷害司徒敏入狱的苏永森的妻子与女儿相继患白血病。

4. 道德教化的模式化

苦情戏通过固定模式的人物形象以及事件，向观众传达出模式化的中国传统伦理道德，那就是在面对苦难、不幸、折磨时，一定要顽强、忍耐与宽恕，那么最终善有善报，恶有恶报。《我的丑娘》中，面对李家保姆金兰的刁难诬陷，面对儿子王大春嫌弃娘丑，丑娘没有抗争，没有抱怨，而是一味地妥协与退让，宽容与原谅，最终赢得尊重。这种带有自虐性质的道德教化，它所产生的负面影响可能会完全违背导演的初衷。

5. 故事结局的模式化

传统悲剧的大团圆结局，向来为人所诟病。而在当代电视苦情戏中，不仅普遍存在这种"大团圆"的结局模式，甚至为了单纯追求大团圆结局而破坏电视剧本身的剧情发展逻辑，随意改变剧中人物性格的发展轨道，从而极大地削弱了作品的艺术表现力。

总而言之，苦情戏如果不能带给观众有关人生更深层的思考，不能在艺术技巧上不断推陈出新，最终只会引来吐槽一片。

（二）底层写作：苦难生活的主观想象

相对于苦情戏创作中普遍存在的"模式化"窠臼，近些年文学领域倒是涌现出一些反映老百姓真实苦难的、颇接地气的作品，例如"底层写作"。

底层写作自 2002 年零星出现，至 2005 年已成为当代文学写作的主题。它致力于表现挣扎在社会最底层的人艰难的生存状态：他们大多是城市平民和农民工，生活来源极不稳定，住房、医疗、孩子教育条件极差，中国社会迅猛的现代化进程，带给他们更多的是当下生存的无奈、麻木以及与对未来的无望。

这类作品通常有以下几种故事类型：一是农村落后景观及农民贫困生活的展现，如摩罗的散文《我是农民的儿子》；二是对农村善良、愚昧和权力相交织造成的悲剧的表现，如王祥夫的《愤怒的苹果》；三是对"煤矿"这一特殊生活领地的展现，如刘庆邦的《别再让我哭了》，夏榆的《黑暗之歌》，迟子建的《世界上所有的夜晚》；四是对遭遇城市的乡下人的书写，如铁凝的《谁能让我害羞》，尤凤伟的《替妹妹柳枝报仇》。

但总体看来，上述作品虽然也多多少少记录了当下中国社会变革中农村弱势群体的境遇，表达了作者的同情、悲愤、控诉、无奈等多种情绪，但更多地停留于揭露现代化进程中所出现的种种"问题"，却没能对这些问题的产生根源和解决路径作进一步的反思，而人物塑造方面的拙劣技巧、叙事策略上的相互抄袭，更使得读者对此类底层写作的作品越来越漠视、不以为然。发展到最后，关注底层似乎仅仅成为作家标示自己道德高尚的一种姿态，此外再别无意义。①

倘若深究底层写作的停滞状态，很大程度上是因为目前的底层写作大多是由知识分子塑造出来的，或者不如说是他们想象出来的，他们写出的底层形象往往是勤劳、肯干但却愚昧、隐忍，抽象化、概念化、极端化、缺乏立体感。②很显然，在深入生活反映生活方面存有不少硬伤。

（三）悲剧意识：从现实的无奈到话语的自嘲

尽管作为艺术作品的悲剧在当代之生产呈现萎靡态势，但是互联网所营造的众声喧哗的气氛，却为民众表达其悲剧意识提供了绝佳舞台。尤其当草根阶层在现实中遭遇种种无法化解的困境乃至不幸之时，以话语自嘲的形式来宣泄情绪，似乎成为习见的事实。而这样的调侃，不免让人联想起当年果戈理的"含泪的笑"。

针对互联网时代无处不在的自嘲现象，有学者认为，③网络自嘲具有丰富的内涵和深刻的社会背景，它不仅是网民进行自我表达的途径，也与当下网民的社会心理、生存方式和精神状态有着密切的关联。

三、作为审美范畴的悲

作为审美范畴的"悲"，过去称作"悲剧"，这种说法很容易和作为戏剧样式的"悲剧"相混淆。为避免这种混淆，美学上一般用"悲"或"悲剧性"来命名，它指的是一切艺术样式和社会生活中具有悲剧性的审美现象。

艺术作品中的"悲"，大家都很熟悉，如：《梁祝》小提琴曲、《命运交响曲》，是音乐中的"悲"；《窦娥冤》《哈姆雷特》是文学中的"悲"。在社会生活中，追求真理、正义和美好生活的人，在同邪恶势力的对抗和冲突中，以死亡或失败而告终，这也可以称之为"悲"。当然，美学上的"悲"主要存在于艺术和社会生活中，自然界无所谓悲。"万里悲秋常作客，百年多病独登台"，这是由万物萧索引起人的悲感，大自然本身是无所谓悲喜的。

---

① 程春艳：《悲剧为什么失去力量——对当下"底层写作"的反思》，《商丘职业技术学院学报》，2009年第4期。
② 刘巍：《新世纪文学底层写作的精神缺失》，《文艺争鸣》，2009年第6期。
③ 蒋建国：《网络自嘲：自我贬抑、防御机制与价值迷离》，《学习与实践》，2021年第2期。

作为审美范畴的"悲",它到底具备哪些审美特征呢?可以分列如下:

(一)悲属于失败了的社会性崇高

所谓社会性崇高,就是指社会生活中人的思想和生活的崇高,它有两种表现形式:一是胜利了的崇高,例如中国共产党领导全国各族人民经过艰苦卓绝的奋斗,终于推翻三座大山,迎来独立和自由。这是胜利了的崇高,由此可以形成颂歌。另一种则是失败了的崇高,例如历史上那些壮志未酬的革命烈士,由此可以形成悲剧。而好莱坞电影《勇敢的心》,表现的就是一出失败了的崇高。

《勇敢的心》(图9-5)是一部悲壮的、融合着血泪传奇的史诗巨片,剧情是根据14世纪末发生在苏格兰的真实事件改编而成的。故事主人公威廉·华莱士,不但确有其人,而且他的英勇事迹也使得他成为苏格兰的民族英雄。剧情是这样的:

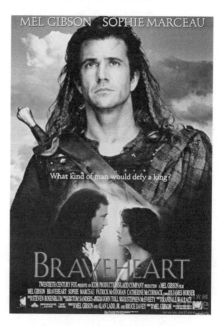

图9-5 电影《勇敢的心》剧照

> 在威廉·华莱士还是个孩子的时候,他的父亲,苏格兰的英雄马索·华莱士在与英军的斗争中牺牲了。幼小的他在伯父的指导下学习文化和武术。
>
> 光阴似箭,英王爱德华为巩固在苏格兰的统治,颁布法令允许英国贵族在自己苏格兰的封地上享有结婚少女的初夜权,以便让贵族开发并统治苏格兰。

王妃伊莎贝拉是个决断的才女,她知道这道法令会有利于英国统治苏格兰,但更会激起苏格兰人民的反抗。年轻的威廉·华莱士学成回到故乡,向美丽的少女梅伦求婚,并与其私订终身,愿意做一个安分守己的人。然而梅伦却被英国贵族无理抢去,并遭杀害,华莱士终于爆发了。在广大村民高呼"英雄之后"的呼喊声中,他们揭竿而起,杀死英兵并宣布起义。

苏格兰贵族罗伯想成为苏格兰领主,在其父布斯的教唆下,领导苏格兰贵族假意与华莱士联盟。华莱士杀败了前来进攻的英军,苏格兰贵族议会封他为爵士,任命他为苏格兰护国公。华莱士却发现这些苏格兰贵族考虑的只是自己的利益,丝毫不为人民和国家前途担心。爱德华为了缓和局势,派伊莎贝拉前去和谈。但由于英王根本不考虑人民的自由和平等,只想以收买华莱士为条件,和谈失败了。伊莎贝拉回去后才发觉和谈根本就是幌子,英王汇合了威尔士军、爱尔兰军和法军共同包围华莱士的苏格兰军队，她赶紧送信给华莱士。大军压境之下，苏格兰贵族们慌作一团，华莱士领兵出战，就在士气高涨、胜利似乎快要来临时，苏格兰贵族援军却逃离了战场。华莱士决定孤注一掷，独自追杀英王，却意外发现了罗伯竟与英王勾结，不禁备受打击。

失败后的华莱士愤怒地追杀所有背信弃义的贵族，却放过了罗伯。王妃伊莎贝拉为华莱士的豪情倾倒，来到驻地向他倾吐了自己的真情，两人陶醉在爱情的幸福之中。

感到后悔的罗伯再次提出合作并表示绝不再背叛。华莱士为了和平统一着想，他依旧答应前去。在爱丁堡阴险的布斯设计抓住华莱士，并把他送交英王。罗伯对父亲的诡计感到怒不可遏，华莱士终于被判死刑。伊莎贝拉求情不成，在英王临死前，她告诉英王她怀的不是王子的血脉而是华莱士的，而这个孩子未来将成为新的英王。

华莱士刑前高呼"自由"震撼了所有人。几星期后，在受封时，罗伯高呼为华莱士报仇的口号拒绝了英王的封赏，英勇地继承华莱士的遗志对抗英军，为苏格兰的自由继续奋战。

与"社会性崇高"相一致，悲剧性有以下几点特征：

首先，不是社会生活中一切可悲的事情都含有悲剧性。日常生活中，小孩子因为吃不到糖而大哭，不是悲；亲人的正常死亡，虽然令人悲痛，但也算不上美学上的"悲"，因为是正常死亡。由此可见，"悲"不等于哭，尽管"悲"会令人伤心落泪。

其次，人类在同自然界的斗争中，偶发事件不等于"悲"。黑格尔《美学》强调过这一点。但是，如果人在自然灾害面前仍能表现出自己伟大的精神力量，却可构成悲剧性。如泰坦尼克号（图9-6）即将沉没的时刻，船长和船员表现得勇敢镇定，甚至令乐队奏乐，这音乐就显得极为悲壮。

最后，悲剧主人公一般是高尚的人。恶人的死亡，让我们拍手称快；平凡人物的突然死亡，一般不值得我们大书特书；唯有英雄的落难，才更容易让我们扼腕。但是亚里士多德也曾经提醒我们：悲剧的主人公不能是完美无缺的人，只能是有缺陷的好人。这种人可以是杰出人物，也可以是凡夫俗子，甚至是卑微的小人物。总之，他是凡人中较高尚的人，用亚里士多德自己的话说，就是"在道德和品质上并不是好到极点"。这个说法可以避免将悲剧主人公神圣化，使人注意到凡人（普通人）的不平凡一面。

这种有缺陷的好人犯了错误，因而遭受厄运、受到惩罚，这是咎由自取；但

图 9-6 电影《泰坦尼克号》剧照

同时他又令人同情怜悯，因为他并不是那种心眼很坏、作恶多端的人，按理不应该受到严酷的惩罚。这种人既容易引起我们怕因小错而得大祸的恐惧，也容易引起我们的共情。所以最适宜做悲剧的主人公。

（二）悲包含了必然性的冲突

凡是悲都有正面力量与负面力量之间的冲突，冲突不是偶发的、人为的，而是必然的，无法避免、不可抗拒的。对此，历来有各种解释：

1. 黑格尔

黑格尔认为，悲剧的冲突实际上是两种普遍力量（即特定时代所流行的伦理、宗教、法律等方面的信条或理想，也可称之为"理念"）的冲突。两种普遍力量都有其合理性与缺陷，因此二者的冲突不可避免，冲突的结果是两种普遍力量求得和解，导致永恒正义的胜利。

黑格尔以此来分析索福克勒斯的《安提戈涅》，认为该剧表现了两种理念：一种是王法的理念，一种是人情的理念。克瑞翁对整个城邦负责，坚持城邦制度，只有对城邦有功的，才能得到奖赏；凡是背叛城邦的，必然要遭受惩罚。因此克瑞翁的举动是出于王法的理念；安提戈涅要埋葬她哥哥，这是兄妹手足之情，它比人类的任何政治制度都要古老很多。因此，安提戈涅的举动是出于人情的理念。两种理念都有合理性，也都有片面性。如果要坚持王法，必然要不徇私情；如果要坚持血缘亲情优先，则必然和城邦制度相抵触。王法的理念与人情的理念之间存在根本差异，并导致冲突的发生，冲突的结果就是安提戈涅、海蒙和皇后的死亡。死亡的结局是两种理念和解，克瑞翁和安提戈涅所代表的理念都得到伸张（尽管他们个人的结局是不幸的），这便是"永恒正义的胜利"。

《安提戈涅》

黑格尔第一个提出悲剧冲突的概念和悲剧冲突的必然性问题，把生活中偶发的死亡事故排除在悲剧之外，有其合理的一面，但它依然存在着弱点与不足。就拿他所说的"永恒正义"来说吧，在局外人看来，《安提戈涅》所展现的冲突中，没有赢家。所谓的"永恒正义"在黑格尔的哲学体系中固然有其特定内涵，但在我们看来，它不外乎就是鲁迅所说的那种"时间永是流驶，街市依旧太平"的感喟，一切的一切终究会被历史的长河所湮没，就像什么事情都不曾发生过一样。

2. 叔本华

黑格尔之后，德国哲学家叔本华（1788—1860）认为，悲剧有三种情况：

（1）由穷凶极恶的人造成的罪恶带来的悲剧。如：《奥赛罗》中的雅戈、《威尼斯商人》中的夏洛克、《安提戈涅》中的克瑞翁。

在叔本华看来，《安提戈涅》中的系列悲剧，发生的主要源头在于克瑞翁。他固执己见，先是把勾结其他城邦攻打忒拜城的波吕涅克斯认定为叛徒，下令不许安葬他，违者处死。进而打算对他的外甥女，同时也是其子海蒙的恋人的安提戈涅痛下杀手，只因对方违背了城邦的禁令。安提戈涅依据天理和个人的良心，公然对抗当时的城邦制度。此举既值得同情，也引发很多争议。叔本华显然是完全站在安提戈涅一边的，但也有论者认为克瑞翁对于叛徒波吕涅克斯的惩罚并没有错，这样以儆效尤，避免其他人再为个人私利而出卖城邦。因此，纵观全剧，安提戈涅虽然没有错，但克瑞翁同样没有错。那这样一来，克瑞翁到底还算不算叔本华所说的"穷凶极恶的人"呢？恐怕又另当别说了。

（2）由盲目的命运（或者说偶然或错误）造成的悲剧，如：索福克勒斯的《俄狄浦斯王》、莎士比亚的《罗密欧与朱丽叶》。

对照叔本华所说的此类情形，韩剧《假如爱有天意》倒是其极富现代意味的版本。原本两情相悦的一对男女，却因为身份、地位、意外变故，导致有情人难成眷属。但是编剧却给全剧安排了一个光明的尾巴，在父辈身上难以实现的愿望，在子女身上却得以弥补这个缺憾。尽管是神奇的翻转，却在赚足观众眼泪之后又给人以莫大的安慰。

（3）由普通人的普通境遇、由人与人之间的日常关系所造成的悲剧。

在第三种悲剧的形成过程中，没有恶毒至极的人物参与，只有那些在道德上平平常常的人互相对立所造成的不幸。叔本华认为这种悲剧是天下最可惨、最感人的悲剧，因为它是"几乎无事的悲剧"（随时随地都有可能发生）。王国维认为《红楼梦》属于叔本华所说的第三种悲剧，乃是"悲剧中之悲剧"，因为其悲剧性的因素是自然而然发生的、不可避免的。

我们不妨分析一下《红楼梦》中宝黛爱情悲剧发生的必然性。书中能够决定他们爱情最终结局的，不外乎三个女人：贾母、王夫人、王熙凤。贾母作为贾府的"老祖宗",传宗接代的思想很严重,这也完全符合人之常情。在她看来,宝玉的妻子必须是身体健康、足以胜任传宗接代任务的人,而黛玉身体羸弱、常年服药,显然不是理想人选。对于王夫人来说,她和宝钗的母亲的关系是姐妹关系,和黛玉的母亲的关系则是姑嫂关系,显然,从心理上来说她更亲近宝钗。至于王熙凤,她被当作贾府年轻一代的接班人来培养,但若宝玉娶妻,其权力即使不被分走,至少对方也能和她平起平坐。如果对方人情练达,那倒还好;如果对方一言不合就能让你下不了台,岂不是非常尴尬?相比之下,宝钗比黛玉的情商显然更高,更容易合作。总而言之,就是这样三个女人,从各自的立场出发,把赞成票投给了宝钗而非黛玉,以致最终酿成人间惨剧。它不仅是自然而然发生的,而且从贾府的人际关系来看,也注定是无法避免的。

3. 马克思和恩格斯

马克思和恩格斯在批判和改造黑格尔悲剧观的基础上,提出了自己的悲剧理论。他们认为,黑格尔的理论有以下弱点:

(1)从理念出发而不是从现实的生活关系出发,这是客观唯心论。

恩格斯认为,悲剧是历史的必然要求和这个要求的实际上不可能实现之间的悲剧性的冲突。如果按恩格斯的观点分析《安提戈涅》,和黑格尔有很大不同。我们可以认为,该剧表现了古希腊城邦制度(内部隐含城邦利益)和个人意愿之间的冲突。"历史的必然要求"就是安提戈涅要去埋葬她的哥哥,这种兄妹手足之情比任何城邦制度、法令都要古老。但是"这个要求的实际上不可能实现"是因为古希腊城邦制度要求公民意识无条件服从城邦,完全抹杀了个人意愿;安提戈涅从个人情感出发去对抗城邦制度,最终只能以失败而告终。

(2)强调两种理念的和解。

黑格尔认为《安提戈涅》是王法和人情的和解,按马克思、恩格斯看法,则应该认为这不是冲突的和解,而是矛盾双方地位的转化,是一方战胜了另一方(王法战胜了人情)。

(三)悲剧感的特点——痛快

悲剧总是贯穿了必然的冲突,如美与丑、善与恶的冲突。悲剧中恶、丑的一方使观众产生"痛感"(不快),但冲突的结果使代表美、善、正义的力量显示出合理性。结局虽不幸,但主人公的人格和所从事的事业却显出了美,引起我们类似对崇高的惊赞之情,痛感转化成了快感。可见,鲁迅对悲剧的描述还是很精到的,"悲剧将人生有价值的东西毁灭给人看",从这句话中可推出悲剧冲突和悲剧感的内涵(由痛感转为快感)。

在西方美学史上,亚里士多德最早对悲剧感做出理论分析。亚里士多德认为，悲剧借引起怜悯与恐惧来使这种情感得到陶冶。

"陶冶"原文作"katharsis"（卡塔西斯）。"katharsis"在西方笺注纷举，莫衷一是。主要有以下几种解释：①

1. 净化说

净化说认为悲剧具有类似于宗教的作用。宗教能把愤怒、野心、忌妒等人类不好的情欲化解、涤除，从而使人类达到心灵的升华。悲剧的"katharsis"作用则在于涤除怜悯与恐惧这两种情绪中痛苦的、坏的因素，使心灵恢复健康。但所谓"痛苦的坏的因素"究竟是什么呢？这一派不能说清。而亚里士多德本人也不认为恐惧与怜悯中有坏的因素。如果要把这些"坏的因素"化解掉、涤除掉，就等于把痛苦与恐惧整个化解掉，这就把亚里士多德学说抛掉了。

2. 宣泄说

宣泄说认为悲剧具有类似于医药的作用。古希腊人（医圣希波克拉底）认为，人的身体有几种体液，如果郁积过多，就会产生疾病，可以用医药方法（放血或用泻药）驱除过量的体液，使体液获得平衡，从而使身体恢复健康。人体内也同样潜伏着强烈的怜悯与恐惧之情，悲剧则能使人们这两种过多的、病态的情绪宣泄出来，从而获得情感上的平静。但是，怜悯与恐惧是人类正常的情绪，怎能说它是病态的呢？况且，在哀怜与恐惧之后的平静也是不能持久的。观众于散戏之后，在现实生活中遇见非常之事，又会大动怜悯与恐惧之情。这一派的错误是把怜悯与恐惧之情看作和食色之欲同类的情欲，以为这两种情欲会越积越强，被压抑在心里。但事实上人们也许有哀怜癖，但谁有恐惧癖呢？

3. 调节说

调节说认为情感须适度，不足或过分都是不好的。悲剧的作用就在于调节怜悯与恐惧这两种情感，使之不致太强或太弱，而达到一种平衡状态，借此获得心理的健康，这就是"陶冶"。这种解说似乎较为理想，然而，这种情感的适度究竟该如何衡量？悲剧的调节作用又如何实现呢？

以上三种解释都有一个中心意思：悲剧能将消极情感转化为积极情感，对人起疏导心灵、提升境界的作用。这一转化是伴随着悲剧冲突的进展而逐步实现的。

---

① 详见罗念生：《卡塔西斯笺释——亚理斯多德论悲剧的作用》，《剧本》，1961年第11期。

【思考与练习】

1. 简述悲剧性的审美特征。

2. 谈谈你对于电视苦情戏的看法。

3. 如何看待悲剧在当下的被解构?

【延伸阅读书目】

1. 朱光潜:《悲剧心理学》,安徽教育出版社,2006 年

2. 张法:《中国文化与悲剧意识》,中国人民大学出版社,1989 年

3. 尹鸿:《悲剧意识与悲剧艺术》,安徽教育出版社,1992 年

4. 程孟辉:《西方美学文艺学论稿》,商务印书馆,2007 年

5. 弗里德里希·尼采:《悲剧的诞生》,孙周兴译,商务印书馆,2017 年

第十章 审美范畴：喜剧性

一、从"无厘头"到"恶搞"：喜剧生产的
　　大众化预演

二、短视频：喜剧生产的大众化狂欢

三、作为审美范畴的喜

正如"悲"或"悲剧性"有时会被笼统地称为"悲剧",作为美学范畴的"喜"与"喜剧性"有时也会被笼统地称为"喜剧"。可以显见的事实是,最近几年网络、手机等大众媒体的迅猛发展,给喜剧的生产和传播带来了很多新的变化。每个人都是接受者,但也可以瞬间转换为传播者和创作者。正是在众声喧哗的背景下,各种新式的喜剧作品蜂拥而至,永远都是没有最搞笑,只有更搞笑。然而,新媒体时代的喜剧性生产并非无本之木,它既得益于互联网时代先进的传播技术,也受到此前以中国香港电影为代表的当代喜剧文化的滋养,进而在全球化的进程中不断发展壮大。

一、从"无厘头"到"恶搞": 喜剧生产的大众化预演

何谓"无厘头"?较常见的解释为:故意将一些毫无联系的事物、现象等进行莫名其妙的组合串联或歪曲,以达到搞笑或讽刺目的的方式。

我们对于无厘头的认识,可能很大程度上要归功于周星驰的电影。在他的电影中,角色的编排曾多次造成荒谬、突兀、粗俗的喜剧效果。周星驰在演古装剧时,会刻意采用现代语、现代观念,角色、场景与时空的矛盾穿梭于影片之中,充分发挥无厘头精神。

20世纪90年代初期,周星驰的作品刚刚进入内地的时候,并不怎么受观众待见,因为缺乏相应的社会心理土壤。直至90年代中后期,以《大话西游》为代表的无厘头风格作品渐受追捧,很大程度上则是因为大陆经济的飞速发展、民众生活节奏越来越快,故非常希望在一天紧张的工作之后,回到家能看一些轻松搞笑的作品,此时的无厘头文化就恰到好处地迎合了大众的需求。

恶搞是对图片、文字、影视作品等进行调侃、讽刺或者颠覆解构。2006年初,一部名为《一个馒头引发的血案》的短片在网络上疯狂流传,其内容重新剪辑了某电影和某电视节目,却颠覆了原来的故事情节和主旨,而用一种被称为"恶搞"的方式重新演绎。

或许正是从《一个馒头引发的血案》开始，"恶搞"这一概念开始被广大网民和网络内容提供商广泛谈论和争相效仿。此外，网络上也陆续出现了许多以电影《唐伯虎点秋香》《无间道》《功夫》《夜宴》等为恶搞对象的作品。而最近几年，抖音、快手等短视频软件，又凭借其花样迭出的创意，不断推出新的恶搞作品，并赢得诸多网民的热捧。

　　客观地说，网络上刚开始的"恶搞"，只是一些网络活跃分子利用网络工具搞的一些娱乐性笑料，是一些令人一笑而过的恶作剧而已。可是，网络"恶搞"很快就变得一发不可收拾，越搞越严重，并且已经带来一系列问题。典型的例子就是，网络"恶搞"对象已经由一般电视剧、电影以及流行歌曲，发展到"恶搞"名人，甚至开始颠覆名著名篇。

　　尽管有人吹捧说：恶搞是人民冷嘲热讽的解构姿态，恶搞是人民喜闻乐见的文艺批评，恶搞是人民平凡有趣的精神追求……但不能不承认，有些"恶搞"确实搞乱了人们特别是青少年的思想，搞乱了社会大多数人所遵从的主流价值观，也打破了既有的道德底线，因此必须反对或阻止。有鉴于此，那些严肃的、经过长期历史考验而留下来的经典作品，是绝不能被随意娱乐化、庸俗化的。任何"恶搞"绝对不能突破法律的红线以及社会成员所共同遵守的道德底线。

二、短视频：喜剧生产的大众化狂欢

　　喜剧狂欢，是短视频给我们的第一印象。如果说，21世纪初在互联网世界中蔚然成风的"无厘头""恶搞"与"山寨文化"不无讽刺、冷嘲乃至黑色幽默色彩，但近年勃兴的短视频却仅有喧嚣没有解构。其叙事策略虽紧跟时代别出心裁，但终究难脱后现代社会大众文化之共性。具体表现为：

（一）事件主体大众化：文化权力下移之效应

　　如众所知，大众文化的兴起有赖于大众传播媒介的出现与大众社会的形成。"原子化大众"的诉求多样化表达，使得故事主体大众化成为必然结局。但借用福柯的"权力"理论来看，这一变化其实昭示着文化权力之下移。

　　福柯认为，权力是一种贯穿整个社会的"能量流"，而人只不过是使用权力的工具。他由此感慨："在人文学科里，所有门类知识的发展都与权力的实施密不可分……所以人文科学是伴随着权力的机制一道产生的。"①具体到媒介研究领域，其中的文化权力关系素为学界瞩目。乐观者认为，在现代传播技术的推动下，受众积极参与文化生产过程，由此与"传者"展开博弈并实现自我赋权，最终分享了本由前者垄断的媒介文化生产权力。②而短视频中事件主体的大众化，便是文化权力下移带来的积极效应。

传统喜剧对于表演者有着近乎残酷的遴选机制，但其准入门槛却因自媒体的诞生而宣告无效——这里不需要专业演员，因为人人都是演员。比如在抖音上面曾短暂火爆过的厦门某冰淇淋店，来自异国的售卖小哥常以出神入化的动作把顾客捉弄得团团转，使得购物过程充满喜剧色彩。此举不仅颠覆了"顾客是上帝"的现代服务理念，更显示出"体验经济"的现代魅力。围观者不以为忤，竞相入彀，竟使购物过程充满仪式感，观赏价值超越了口腹之需。顾客原生态本色"演出"，也印证了戈夫曼所说"舞台呈现虚假的事情，生活却可能呈现真实的和有时是排练不充分的事情"。③

比冰淇淋售卖场景更具喜剧意味的是，个别人在日常生活中的言行被周围人偷拍并上传到网上。此举虽涉及较为严肃的伦理问题，但被拍者后台生活的前台化，远比各类真人秀节目更能彰显人性之真实。因为这里既无表演也无扮演，仅有生活片段的"原样"呈现，极大程度满足了观众"窥视"的欲望。比如平时举止文雅者正不顾形象地大快朵颐，惯于在公众场合以淑女形象示人者正在抠脚、挖鼻孔……类似的表现与身份之间的强烈反差，是喜剧性得以产生的重要原因。

总体看来，网民日常生活的原始呈现，显示出互联网带来的权力扁平化与分散化之积极效应。喜剧事件主体"业余化"使得舞台上的喜剧由高高在上的状态，重新回归到大众之中。

（二）故事内容碎片化：后现代社会的习见景观

20世纪晚期，西方后现代主义研究者所提出的"碎片化"（fragmentation）一词，近年被国内学者引入传播学领域，进而探讨信息碎片化、受众碎片化、媒体碎片化以及阶层"碎片化"。④更有学者认为"碎片化，是电脑与网络技术深度嵌入现代经济社会与文化生活之后，人类社会对科技文明的一次彻底反叛"⑤，由此，"碎片化生存"似将成为当代人生存常态。

---

① 福柯：《权力的眼睛——福柯访谈录》，严锋译，上海人民出版社，1997年，第31页。
② 吴世文：《融合文化本质与受众自我赋权》，《重庆社会科学》，2011年第3期。
③ 欧文·戈夫曼：《日常生活中的自我呈现》，冯钢译，北京大学出版社，2008年，第1页。
④ 汤晓芳：《大数据时代媒体广告经营模式融合与嬗变》，江西人民出版社，2016年，第37页。
⑤ 段永朝：《互联网：碎片化生存》，中信出版社，2009年，第156页。

信息碎片化实为信息泛滥之必然结果。具体到当代喜剧生产领域，早年借助大众传播媒介展开的作品，尚能基本因循"开端→发展→高潮→结局"之叙事模式。然而，信息泛滥不仅日益加重受众观看的压力，且锻炼出后者在最短时间内快速做出抉择之能力。由此，15 秒时长的短视频作品之成败，竟取决于最初 3 秒。传统喜剧作品的慢热型叙事节奏及其"系包袱→解包袱→抖包袱"之常有路数，在此被颠覆为不需任何铺垫或伏笔，直接抖包袱与呈现高潮。跳过开端、发展两大重要环节，使得内容碎片化成为短视频的不二选择，这点甚至也是大多数后现代艺术所具有的共同特征。唯其如此，方能适应现代生活之快节奏。

然而，传统喜剧的慢节奏叙事实为吊足观众胃口而设，且给予后者悠久绵长的回味效应，其艺术魅力常因历经多年而愈显醇厚。相形之下，简单粗暴的短视频，固然以其迅猛节奏给观众制造了瞬时震撼，却难以奢望百看不厌的恒久魅力。

（三）直接高潮呈现：麻木与震惊的二律背反

阿多诺曾在《电视与大众文化的模式》一文中指出："现代大众文化的重复性、雷同性和无处不在的特点，倾向于产生自动反应并削弱个体抵抗力量。"言下之意，以电视为代表的大众媒介，消融了观众的文化反思，培养出大批麻木的看客。尼尔·波兹曼同样认为，电视文化所培养起来的一代人，是缺乏分辨力、没有价值观的一代人。他们的观点比起本雅明似乎较为悲观。因为后者早就强调：机械复制艺术改变了大众对于艺术的反应，观看者可以对绘画凝神注视，但他在电影画框前却不能如此。原因在于电影制造的"震惊"效果使其根本无暇思考。[①]

上述诸位学者论及的"麻木"与"震惊"其实并存于短视频之中，并呈现吊诡的二律背反状态：信息泛滥不断提高受众对于"新奇"的感知阈限，从而渐趋麻木；传者被迫使出浑身解数，以图唤起受者的"震惊"反应。正因如此，短视频必须掐掉开端与发展，直接进入事件的高潮部分，从而使得每个场景均带有"突发性"。

于是，一些带有非常强烈偶然性的场景，居然在自媒体短视频中频繁出现，以致有人感慨何以这样的场面居然也能被记录下来，莫非拍摄者真能未卜先知？事实上镜头可能一直都在记录，但因时长缘故而掐头去尾，截取最精彩的瞬间予以呈现。如果说几年前人们还在批评 20 分钟规格的微电影时长过短、容量有限以及主题肤浅，几年之后人们则要讶异于 15 秒的短视频已经是观赏者所能忍受的极限了。从 20 分钟降格到 15 秒，不仅反映了现代生活节奏的急遽变化，更反映了信息泛滥时代受众因忍耐度的下降而汲汲于浅表化和新鲜感的残酷事实。

---

① 汉娜·阿伦特：《启迪：本雅明文选》，张旭东译，生活·读书·新知三联书店，2014 年，第 259—260 页。

（四）多元互动机制：文化增殖的语义场

法国批评家朱丽娅·克里斯蒂娃于20世纪60年代提出的"互文性"理论，对我们思考短视频中的"语—图"关系多有助益。按照克氏对"互文性"的界定，"任何文本都处在若干文本的交汇处，都是对这些文本的重读、更新、浓缩、移位和深化。从某种意义上讲，一个文本的价值在于它对其他文本的整合和摧毁作用"。[①]借此理论解读自媒体短视频中的图像与评论文字，毋庸置疑，二者之间着实存在互文关系：文字依附于图像但又时常超越图像，评论文字自身所具有的语言张力及思想深度，对图像形成有益补充。而评论主体的多元性，尤其是评论之后的再评论，更使能指与所指之间经常发生漂移，并在图像之外重新建构了若干语义场，由此实现文化增殖的最大效果。此举虽在一定程度上遮蔽了图像的"所指"，却在网络狂欢之外附着了意想不到的喜剧元素。

从"无厘头""恶搞"到自媒体短视频的火爆，其实体现了网络文化时代人们对于喜剧性的一种崭新理解和崭新实践。而相对于以往美学著作中习见的喜剧性范畴，它们毕竟提出了不少新的问题，同时也增加了很多新的内涵。而以往我们通常所理解的喜剧性，它在网络文化时代又该被怎样修正呢？

三、作为审美范畴的喜

（一）喜的本质——对丑的否定

朱光潜曾在他的《文艺心理学》中简单介绍了西方美学史上有关笑和喜剧的经典言论，他还特地引用萨利的话说："关于喜笑的各种学说个个都不能推行无碍，就因为在'复杂原因'特别鲜明的领域中，它们偏要寻出一个唯一不二的原因来。"[②]这样一来，喜为何引人发笑的原因是否就无解了呢？那倒未必。亚里士多德曾在他的《诗学》中说："喜剧是对于比较坏的人的模仿，然而，'坏'不是指一切恶而言，而是指丑而言"。黑格尔则认为，喜剧的基础是"丑自炫为美"。正是出于以上原因，我们认为喜的最大特点就是以笑为手段去否定生活中的丑、肯定生活中的美。[③]

----

① 秦海鹰：《互文性理论的缘起与流变》，《外国文学评论》，2004年第3期。
② 朱光潜：《朱光潜全集》（第一卷），安徽教育出版社，1987年，第474页。
③ 本段所提及的"喜剧"，如果用"喜"或"喜剧性"概括似更合适。为尊重作者原意，故仍保留原有说法。后文同此。

喜如何否定丑？最常用的方法是对人类行为中矛盾的突然揭示。人类行为常有各种矛盾，比如名分与身份的不一致：孔乙己，穿长衫而站着喝酒，因偷书而被打，却狡辩"窃书不能算偷……读书人的事，能算偷么？"，显得既可笑又辛酸。目的与手段的不一致：中国古代缘木求鱼、刻舟求剑的故事，民间流传的执竿进城的笑话等。还有逻辑前提与结论之间的矛盾：如法国大革命时期，巴黎某戏院的观众，有天晚上要求演奏《马赛曲》，经理不允许，大家就吵闹起来。这时一个警察站上台去维持秩序，并且说按照惯例，凡是没有登在节目单里面的东西都不能演奏。听众当中有个人就大声反问道："警察先生，你自己呢？你登在戏的节目里面么？"听到这句话全场都哄然大笑。这是利用对方的逻辑错误来驳倒对方。

人类行为中所存在的矛盾不胜枚举，它们都带有某种荒谬、反常、悖理的性质（即丑的方面），艺术家向我们突然揭示时，在荒谬、反常的形式下，常常有出人意料的喜剧效果。当然，喜所揭露的丑是轻度的丑、"不致引起痛苦或伤害"（亚里士多德语）的丑，而不是穷凶极恶的丑。后一种丑一般出现在悲剧中，作为冲突的另一方而存在。

此外，喜中的丑还是一种"自炫为美"的丑，如：乌鸦披上孔雀的羽毛，高傲地走在孔雀群中；青蛙鼓起肚子要与黄牛比大小；阿 Q 被假洋鬼子的哭丧棒打了以后却声称"儿子打老子"……

（二）喜的美感——笑

凡是喜都是为了招笑，但笑必须具有社会意义，不能为笑而笑。即使是没有多少社会内容的幽默，也要给人以智慧，是"智慧的笑"，是有益于社会、有益于世道、有益于人心的笑！中国就有"笑一笑，十年少"的俗语，西方也有"一个小丑进了城，胜过三车药物"的谚语。

喜的美感——笑究竟是如何产生的呢？这一问题至今没有令人满意的答案。我们只能举几个有代表性的观点，作一番简单的探讨：

1. 霍布斯："突然荣耀感"

霍布斯认为："笑的情感不过是发现旁人的或自己过去的弱点，突然想到自己的某种优越时所感到的那种突然荣耀感"。例如《傻女婿拜寿》的故事：

> 话说从前有位黄员外，富甲乡里，为人又极是和善大方，为乡里人所称道。但遗憾的是一直膝下无子，只有三位千金。老大老二都嫁得非富即贵，唯有小女儿身有缺陷且脾气怪异，还独独喜欢上了一个脑子不甚灵光的穷小子。拗不过女儿的黄员外只得置办了嫁妆，将其嫁与了穷小子，从此大家都知道黄员外家有个"傻女婿"。

且说这一年黄员外过寿，傻女婿虽傻倒也有几分孝心，跟媳妇闹着说要给岳父大人祝寿。媳妇知道傻女婿不会说场面话，怕到时候在宾客面前闹笑话，不同意。奈何傻女婿这次竟是软缠硬磨，非去不可，没办法，媳妇给了他几十两银子，说："你要想去也可以，这些银子你且拿着，出去学些场面话回来，也不至于让其他人小看了你。"

接了银子的傻女婿乐颠颠地上路了，边走心里边想：这次一定得多学点，不给媳妇丢人。正想着，他已经走入了一片树林，只见头顶一只灰色的鸟儿扑闪着翅膀飞快地从头顶飞过，林子里竟一点声音都没有了。正疑惑间，一个猎人从树林间走出，边走边感叹："鹞子入林，鸦雀无声！"（注：鹞子是一种鸟，貌不惊人，但它十分狡黠、精灵。不但敢斗一般的兽类，就是老虎也敢下手。）傻女婿听到这句话，觉得说得真有水平，在嘴里念了几遍后跑上前去递给猎人十两银子，说：谢谢你，我跟你学了一句话。

傻女婿一边念叨着刚才学的话一边往前走，走到一条小河边时遇上了一个正在过独木桥的人，只见那人一边过桥一边说："独木桥，实难过，再来一根也不多！"傻女婿一听，这话说得好啊，追上人家又递上十两银子，感谢人家教了他一句话。这不就已经学了两句话了，傻女婿心里美滋滋的。

刚一过河，傻女婿就看到一位老翁正在垂钓，这次傻女婿主动走上前去，大声地对老翁说："老人家，我是出来学话的，您能不能教我一句话啊？"正在专心垂钓的老翁显然吓了一跳，将鱼竿在水里摆了几下，发现鱼儿全被傻女婿这一声惊走了。老翁显然有些生气，随口吟道："河里水儿清洞洞，不知鱼儿在哪边？"傻女婿开心地跳起来，拉着老翁的手说："哈哈，我又学到一句话了！"说完硬塞了十两银子给老翁，留下一脸惊讶的老翁开心地走了。

生怕忘记之前学的话，傻女婿一路都在念着："鹞子入林，鸦雀无声！独木桥，实难过，再来一根也不多！河里水儿清洞洞，不知鱼儿在哪边？"因为念得太入神，他一头撞在了一个人身上，仔细一看，原来这个人的驴倒在地上了，此人正在费力地想将驴扶起。傻女婿忙上前去帮忙，结果两人忙活了半天驴还是躺在地上。两人正发愁时，一个大汉从远处过来，一看他们扶驴的方法，大喊一声："扶驴不是这扶法，提起笼嘴揭尾巴！"说话间他已搭手将驴扶起。

傻女婿乐了，嘿，这不现成又学了一句话吗？给了壮汉十两银子后，傻女婿欢天喜地地去岳父家了。

此时岳父家已经来了很多客人，大家相谈甚欢，屋子里显得热闹非凡，看到傻女婿进来，大家都愣住了，不知该说什么好。傻女婿一看这架势，心想：你们看不起我，我就把今天学的话说说。

随即大声说道:"鹞子入林,鸦雀无声!"众人一听大惊:这傻女婿什么时候变得这么有学问了?丈母娘更是不相信,心想多半是瞎猫碰了个死老鼠,这样想着,遂下令丫鬟难为一下这个傻姑爷。

只见丫鬟端了一个青瓷小碗呈给傻女婿,说:"请三姑爷吃饺子!"傻女婿一听高兴啊,再一看,碗上怎么只摆了一根筷子,这可怎么吃呢?总得说点什么吧,于是说出了自己学的第二句话:"独木桥,实难过,再来一根也不多!"此话一出,连黄员外也惊讶不已,黄夫人更是喜上眉梢,忙叫丫鬟再拿一根筷子过来。待傻女婿拿着筷子想吃饺子时,却发现碗里除了清汤,连一个饺子都没有。用筷子在碗里搅了搅,傻女婿说出了自己学的第三句话:"河里水儿清洞洞,不知鱼儿在哪边?"

这下黄员外家热闹了,大家连连恭喜黄员外,原来这傻女婿非但不傻,还是个出口成章的才子呢。黄员外一家这时也觉得面子上很有光彩,不由得夸了傻女婿几声。

黄夫人忙跑到里屋去跟女眷们说这个好消息,不料跑得太急,竟摔倒了。众人上前去扶,无奈黄夫人平日养尊处优,身体发福得厉害,一时间竟也扶她不起。

这时傻女婿发话了:"嗨!扶驴不是这扶法,提起笼嘴揭尾巴!"

我们看到这则故事之所以会忍俊不禁,就是觉得自己绝不会像那个傻女婿一般闹出那么多的笑话。诚然,霍布斯的观点可以解释不少喜剧,但不能解释一切事实。如:儿童发笑是天真的流露,在风和日丽时对着花香鸟语微笑是生存欢乐的表现。这些都不能说是由于"突然的荣耀感"。

2. 康德:期待的突然消失

人们在听笑话时,都会期待按照自己的逻辑出现的结尾,但结果却出乎意料,把人的期望化为乌有,因此发笑,这便是"期待的突然消失"。康德曾举了这样一个例子:一个印度人在英国人家里看见一瓶啤酒打开时泡沫四溢,不禁连声惊叹。英国人问:"有什么奇怪的事?"印度人答道:"它流出来我倒不觉奇怪,我所惊讶的是原先你怎样把它装进瓶里去的?"我们听到这个故事就发笑,这并不是因为我们想到自己比这位无知的印度人聪明,而是由于我们的期待涨到极点时突然消失于无形。

曾经在网络上流传的《世上最恐怖的十个鬼故事》,在结尾处也常常出现"期待的突然消失"。其实,世界上本没有鬼,说的人多了,便似乎有了"鬼"。所以,那些鬼故事尽管是以"鬼"开头,但最终结局还是要落实到现实人生的真实情境之中,否则很难收尾。其中有个故事是这样的:

夜已经很深了，一位出租车司机决定再拉一位乘客就回家，可是路上已经没多少人了。

司机没有目的地开着，发现前面有个白影晃动，在向他招手，本来宁静的夜一下子有了人反倒不自然了，而且，这样的情况不得不让人想起了一种不想想起的东西，那就是"鬼"！

可最后司机还是决定要拉她。那人上了车，用凄惨而沙哑的声音说："请到火葬场。"司机打了一个冷战。难道她真是……他不能再往下想，也不敢再往下想了。他很后悔，但现在只有尽快把她送到目的地。

那女人面目清秀，脸色惨白，一路无话，让人毛骨悚然。司机感到无法继续开下去了，距离她要去的地方很近的时候，他找了个借口，结结巴巴地说："小姐，真不好意思，前面不好调头，你自己走过去吧，已经很近了。"那女人点点头，问："那多少钱？"司机赶紧说："算了，算了，你一个女人，这么晚来这里也不容易，算了！""那怎么好意思。""就这样吧！"司机坚持着。

那女人拗不过，"那，谢谢了！"说完，打开了车门……

司机转过身要发动车，可是没听到车门关上的声音，于是回过了头……那女人怎么那么快就没了？他看了看后座，没有！车的前边、左边、右边、后面都没有！难道她就这样消失了？

司机的好奇心驱使他就想弄个明白，他下了车，来到了没有关上的车门旁，"那个女人难道就这么快走掉了？还是她就是……"他要崩溃了，刚要离开这里，一只血淋淋的手拍了拍他的肩膀，他回过头，那女人满脸是血地站在他的面前开口说话了。

"师傅！请你下次停车的时候不要停在沟的旁边……"

需要说明的是，在现实生活中，有些期待与结果的矛盾可以引人发笑，有些期待与结果的矛盾却只会令人悲伤，如老实人上当受骗；盲人看不见路，带路的人理应领他到安全地带，可是恶作剧者却把盲人引到沼泽地。可以说，一切欺诈均是"期待的突然消失"，但是对于这类出乎意料的结果，我们是绝对笑不出来的。

3. 柏格森："生气的机械化"

到了近代，柏格森认为笑的来源在于"生气的机械化"。例如：一个体弱多病的老者跌倒在路旁，我们会满怀同情。但是，一个健壮有力的路人猛然跌倒，则是一件可笑的事。如果他是出于本意坐在地上休息，就没有什么可笑了。之所以可笑是因为他遇到障碍物却不能随机应变，仍然很机械地用原来的步伐走路；

他跌倒是表示他心不在焉，像一件毫无生气的机械。比如《摩登时代》（图10-1）中卓别林所饰演的那个工人、民间文学中经常描写的傻人傻事等。

柏格森认为，凡是惹人发笑的人物和情境都可这么看待。例如：从前有一只船刚抵达法国海岸就沉没了，法国海关人员去救乘客，慌忙间他们问的第一句话是："你们有什么东西要报关么？"一位退伍的老兵改行做饭店跑堂的，旁人捉弄他，突然在身后喊："立正！"他就慌忙把双手垂下，结果捧在手上的杯盘落地打碎。这两个例子都是以有生命之物而呈现无生气的机械动作，因而惹人发笑。

柏格森的学说自然含有片面的真理，但他像霍布斯一样没有顾及婴儿

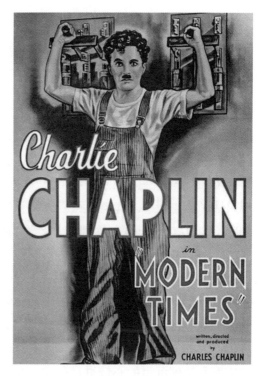

图 10-1　电影《摩登时代》海报

的笑。他也没有考虑到人像机械固然可笑，机械像人也可以令人发笑，这在卡通电影中非常多。

总而言之，笑的原因非常多，关于笑和喜剧性的言论也非常多。直到今天，还没有哪一种言论能够非常完满地解释笑的起因。但有一点很明确：喜中的笑和生理上的笑（如呵痒）有很大不同。如果艺术只能达到呵痒所产生的效果，则缺乏智慧和内涵，一些肥皂剧、情景剧即属此列。

（三）喜的类型

因为划分喜剧性的标准是多样的，如时代、体裁、风格和表现手法等，所以关于喜的类型也是众说纷纭。不过，喜中都含有丑怪、反常的因素，通过对丑的否定来肯定生活中的美，表现作家的审美理想和审美趣味。而这种对丑的鞭挞和否定，力度却有强弱之分。有的以讽刺、冷嘲的态度直面丑恶，揭露其虚伪本质；有的仅以可笑的形式令人捧腹，从而引人深思（这时已无所谓美丑）。

1. 强形式——讽刺、冷嘲、黑色幽默

讽刺，是喜剧性的一种主要表现形式。鲁迅在《再论雷峰塔的倒掉》中指出："喜剧将那无价值的撕破给人看，讥讽又不过是喜剧的变简的一支流。"言下之意，讽刺是以极简练的方式，把藏有无价值的东西即假恶丑的东西的假象撕

破，揭露它们的本质。

鲁迅的杂文，可以说是喜剧讽刺艺术的典范。"五四"时期，新文化与旧文化的斗争非常激烈。守旧派用"保存国粹"的名义，维护文言，提倡国学，宣扬所谓固有道德和固有文明，其目的是使封建思想继续盘踞统治地位，以压制新思潮的传入和兴起。鲁迅批评"国粹家"对待"国粹"（诸如缠足、拖大辫、吸鸦片、人身买卖、一夫多妻之类）的态度是"只要从来如此，便是宝贝。即使无名肿毒，倘若生在中国人身上，也便'红肿之处，艳若桃花；溃烂之时，美如乳酪'"（《随感录》三十九）。可谓措辞尖刻、痛快淋漓，把情感的愉快性和思想的严肃性融合在一起，真正做到了"寓庄于谐"。而在网络文化时代，一则"天冷加衣"的短信[1]，却深刻讽刺了人文学科研究中屡见不鲜的阐释过度的弊病。

"黑色幽默"则是 20 世纪 60 年代在美国兴起的文学流派，其得名起于法国超现实主义作家安德烈·布勒东在 20 年代所编选的《黑色幽默文集》。"黑色幽默"派作家一般是美国的中小资产阶级知识分子。他们对黑暗的现实感到不满和绝望，对未来失去信心，感到幻灭、怀疑和恐怖。他们觉得这荒谬的世界里，人的自由意志已经丧失，人的尊严和价值也已消亡。他们抱着愤世嫉俗的态度和忧郁沉重的心情进行创作，在自己的小说中把现实生活中丑恶的、畸形的东西加以夸大，使之显得荒谬可怕；与此同时，又对它进行讽刺嘲笑。因此，"黑色幽默"派文学的特点是思想情绪上"黑色"的东西与幽默相结合。这一流派影响最大的两部作品是约瑟夫·海勒的《第二十二条军规》和冯尼格的《第五号屠场》。

2. 轻形式——幽默

"幽默"（humor）一词起源于拉丁语，其具体意思已不可考。车尔尼雪夫斯基认为：幽默是对人的讥笑，同时也是自笑自嘲，是由嘲笑自己而嘲笑别人、嘲笑整个世界。因为自己、别人和整个世界都有缺点，值得嘲笑，也值得同情。所以幽默是"欢笑与愁苦的结合"，"幽默家的情绪乃是自尊和自笑自鄙之混合"。

幽默强调的是机智与诙谐，这在各族广泛流传的机智人物故事中表现得尤为明显。如蒙古族的《巴拉根仓的故事》、维吾尔族《阿凡提的故事》、藏族《阿古登巴的故事》、纳西族《阿一旦的故事》、汉族《徐文长的故事》等，都是以幽默、夸张的讽刺手法，揭露现实生活中的不合理现象。主人公的行为话语，常常

---

[1] 天冷加衣！评价：此短信虽仅四字，却深刻体现了发信人的体贴入微与关怀备至，发信人仅用"天冷"二字就囊括了"天气很冷气温降低"两种信息，由此看出此人具有敏锐的洞察力与超前的思维方式，而"加衣"二字，表面平实，但以小见大，细微之处透出发信人朴实无华的品质与团结友爱的精神，全篇言简意赅，短小精悍，符合发信人一贯酷与豪爽并重的性格，再加以感叹号收尾，意境深远情感浓烈却不显浮夸，全篇内敛而深邃，实乃短信之极品！

出人意料，却又击中时弊，深刻反映事物的本质，情节往往富有喜剧性。且以《阿凡提的故事》为例：

  一次，有一个穷苦的人，他家的房子塌了，恰好，巴依骑着小毛驴过来了，他见那位穷人的房屋倒了，心里暗暗高兴，于是，便假惺惺地对那位穷人说："上个月我让你修一下房子，你却不听，现在是自食其果，吃亏了吧？"那个穷人说："巴依老爷，您能不能……"话还没说完，巴依就忙说："别这么说，我是一个穷光蛋。"穷人道："那我应该叫你穷巴依老爷喽！穷巴依老爷，我向您借些钱盖所房子，行吗？"巴依忙说："别提钱，别老向别人要钱！"说完，赶着小毛驴走了。

  他走呀走，突然，背后出现一只狼，巴依吓坏了，他忙赶着毛驴跑，为避开狼咬，他跳了起来，可驴却在此时跑了。狼去追驴，眼看追不上了，只好回头去追他，他吓得跑了起来，结果，对面是块大石头，他见无路可走，便趴在石头上，狼冲着他咬了一口，没咬到肉，把一块布给咬了下来。说时迟，那时快，那个穷人听见响声，冲着狼打了一枪，狼当场死去，巴依长长地吐了一口气，从石头上下来，边提裤子边捡起狼皮，见狼皮被子弹打破了，巴依说："你真是的，好好的一张狼皮被你用枪打坏了，真可惜，我把你这个月所有的工钱扣下一半，并且不借给你钱！"穷人忙辩解道："我是为了救你才打死了狼，你却以恶还报！"正在这时，阿凡提路过，见他俩在吵，便过去问明了事情的发生和经过，决定在暗中帮助那个穷人。

  巴依来到理发店，问多少钱理一次发，店主说："10个钱理一次。"巴依听了说着："10个钱理一次，这也太贵了，一个钱怎么样，如果一个钱不行，那两个钱总可以了吧。"店主说："巴依老爷呦，你这钱太少了，我实在是不能给你理。""这还少？"巴依大声说着，阿凡提过来说："我帮你理，一个子儿也不收！""太好了，"巴依喜出望外，忙叫阿凡提帮他理发，阿凡提剪下一些头发，放进了巴依的口袋里，巴依不懂这是干什么，阿凡提说："头发是钱！"巴依说："对呀！我怎么没想到呢？"结果，阿凡提把巴依的头发推了个精光，连眉毛胡子也都没放过，回家后，连狗都不认得他了。

  后来，大伙齐心协力帮助那位穷人盖了间美丽的房子，也给周围的穷人们盖了一个温暖的家！

类似的故事，不仅显示出机智人物与权贵们斗智斗勇的谋略，给民众一种想象的满足，同时，故事情节也不乏轻松、幽默的成分，收到喜剧化的审美效果。

3. 弱形式——诙谐机趣（谐趣）

中国人好玩文字游戏，如灯谜、回文等，常能在诙谐中透出机趣，给人以丰富而美妙的感受。

需要强调的是：文字游戏主要目的不在于对丑恶之批判，而在形式上给人以美感，读来朗朗上口、耐人寻味。例如一些谜语：俺家一个哥哥，讨个黑脸老婆（锅）；白白一片似雪花，落下水里不见（盐）；白胖娃娃泥里藏，腰身细细心眼多（藕）；宝玉出走，袭人无衣（宠）；包公喝减肥茶（青面兽杨志）。而明末浙江才女吴绛雪所撰写的《四时山水诗》，因其在兼顾意象营构、景物刻画、音韵曼妙同时，又能在回文方面非常精巧，不得不令人佩服。现在转录如下：

春
莺啼岸柳弄春晴，柳弄春晴夜月明。
明月夜晴春弄柳，晴春弄柳岸啼莺。
夏
香莲碧水动风凉，水动风凉夏日长。
长日夏凉风动水，凉风动水碧莲香。
秋
秋江楚雁宿沙洲，雁宿沙洲浅水流。
流水浅洲沙宿雁，洲沙宿雁楚江秋。
冬
红炉透炭炙寒风，炭炙寒风御隆冬。
冬隆御风寒炙炭，风寒炙炭透炉红。

【思考与练习】

1. 举例说说你对于前几年出现的"山寨"文化现象的看法？
2. 举例分析康德所提出的"期待的突然消失"。
3. 喜有哪些类型？举例说明。

【延伸阅读书目】

1. 凯瑟琳·勒维：《古希腊喜剧艺术》，傅正明译，北京大学出版社，1988年
2. 穆尔：《赛博空间的奥德赛：走向虚拟本体论与人类学》，麦永雄译，广西师范大学出版社，2007年
3. 段永朝：《互联网：碎片化生存》，中信出版社，2009年
4. 汪民安：《文化研究关键词》，江苏人民出版社，2019年

参 考 文 献

［ 1 ］李渔 . 闲情偶寄［M］. 南京：江苏凤凰文艺出版社，2019.

［ 2 ］朱光潜 . 悲剧心理学［M］. 合肥：安徽教育出版社，2006.

［ 3 ］朱光潜 . 文艺心理学［M］. 上海：复旦大学出版社，2005.

［ 4 ］宗白华 . 艺境［M］. 北京：商务印书馆，2011.

［ 5 ］钱锺书 . 谈艺录［M］. 北京：生活·读书·新知三联书店，2019.

［ 6 ］刘大杰 . 魏晋思想论［M］. 上海：上海古籍出版社，1998.

［ 7 ］李泽厚 . 美学三书·美学四讲［M］. 合肥：安徽教育出版社，1999.

［ 8 ］蒋孔阳 . 美学新论［M］. 北京：人民文学出版社，2006.

［ 9 ］童庆炳，程正民 . 文艺心理学教程［M］. 北京：高等教育出版社，2001.

［10］叶舒宪 . 神话—原型批评［M］. 西安：陕西师范大学出版社，1987.

［11］汪裕雄 . 审美意象学［M］. 北京：人民出版社，2013.

［12］王振复 . 建筑美学笔记［M］. 天津：百花文艺出版社，2005.

［13］尹鸿 . 悲剧意识与悲剧艺术［M］. 合肥：安徽教育出版社，1992.

［14］张清 . 中国文化与悲剧意识［M］. 北京：中国人民大学出版社，1989.

［15］中国文物学会专家委员会 . 经典中国艺术史［M］. 合肥：黄山书社，2009.

［16］陆扬，王毅 . 大众文化研究［M］. 上海：上海三联书店，2001.

［17］胡敏 . 中西人体美导论［M］. 哈尔滨：黑龙江人民出版社，2010.

［18］陈建一 . 西湖民间故事［M］. 杭州：浙江摄影出版社，2009.

［19］俞金花，陈剑飞 . 诗画黄山［M］. 合肥：安徽人民出版社，2006.

［20］汪民安 . 文化研究关键词［M］. 南京：江苏人民山版社，2019 年 .

［21］柏拉图 . 柏拉图文艺对话集［M］. 朱光潜，译 . 北京：商务印书馆，2013.

［22］康德 . 判断力批判：上卷［M］. 宗白华，译 . 北京：商务印书馆，2009.

［23］莱辛 . 拉奥孔［M］. 朱光潜，译 . 北京：人民文学出版社，1979.

［24］荷加斯 . 美的分析［M］. 杨成寅，译 . 桂林：广西师范大学出版社，2002.

［25］车尔尼雪夫斯基 . 艺术与现实的审美关系［M］. 周扬，译 . 北京：人民文学出版社，2009.

［26］席勒 . 审美教育书简［M］. 张玉能，译 . 南京：译林出版社，2012.

［27］鲁道夫·阿恩海姆 . 艺术与视知觉［M］. 滕守尧，朱疆源，译 . 成都：四

川人民出版社，1998.

［28］丹纳.艺术哲学［M］.傅雷，译.北京：商务印书馆，2018.

［29］凯瑟琳·勒维.古希腊喜剧艺术［M］.傅正明，译.北京：北京大学出版
社，1988.

［30］舒斯特曼.身体意识与身体美学［M］.程相占，译.北京：商务印书馆，
2011.

［31］尼尔·波兹曼.娱乐至死［M］.章艳，译.桂林：广西师范大学出版社，
2004.

［32］斯蒂芬·琼斯.恐怖的艺术［M］.王绍祥，译.北京：北京联合出版公
司，2017.

［33］史蒂芬·贝利.审丑：万物美学［M］.杨凌峰，译.北京：北京联合出版
公司，2020.

教学资源服务指南

扫描下方二维码，关注微信公众号"高教社极简通识"，学生可学习名校通识课，教师可学习教师培训课程、免费申请课件和样书、观看直播回放等。

名校通识课

点击导航栏中的"名校通识"，点击子菜单中的"课程专栏"，即可选择相应课程进行学习。

教师培训

点击导航栏中的"教师培训"，点击子菜单中的"培训课程"，即可选择相应课程进行学习。

教学资源服务指南

 课件申请

点击导航栏中的"教学服务"，点击子菜单中的"课件申请"，填写相关信息即可申请课件。

 样书申请

点击导航栏中的"教学服务"，点击子菜单中的"免费样书"，填写相关信息即可免费申请样书。

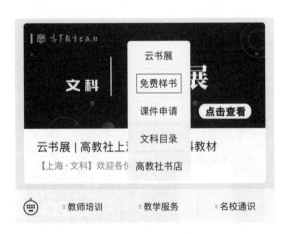